会计基础与财务管理研究

果长军 吴 迪 魏 丹 主编

图书在版编目（CIP）数据

会计基础与财务管理研究 / 果长军，吴迪，魏丹主编 . -- 哈尔滨：哈尔滨出版社，2023.1
ISBN 978-7-5484-6840-0

Ⅰ．①会… Ⅱ．①果… ②吴… ③魏… Ⅲ．①会计学－研究②财务管理－研究 Ⅳ．① F230 ② F275

中国版本图书馆 CIP 数据核字（2022）第 210338 号

会计基础与财务管理研究

KUAIJI JICHU YU CAIWU GUANLI YANJIU

作　　者	果长军　吴　迪　魏　丹 主编
责任编辑	赵志强
封面设计	王　利
出版发行	哈尔滨出版社（Harbin Publishing House）
社　　址	哈尔滨市香坊区泰山路 82-9 号　　邮　编　150090
经　　销	全国新华书店
印　　刷	廊坊市广阳区九洲印刷厂
网　　址	www.hrbcbs.com
E－mail	hrbcbs@ycah.net
开　　本	787mm×1092mm　1/16　　印　张　11　　字　数　240 千字
版　　次	2023 年 1 月第 1 版
印　　次	2023 年 1 月第 1 次印刷
书　　号	ISBN 978-7-5484-6840-0
定　　价	68.00 元

凡购本社图书发现印装错误，请与本社印刷部联系调换。

编委会

主　编

果长军　北京新城禹潞环保科技有限公司

吴　迪　佳木斯职业学院

魏　丹　日照市岚山区岚山头街道社区卫生服务中心

副主编

黄建军　中国国际中小企业博览会事务局

解晶晶　聊城厚德开发建设有限公司

李　利　山东省济南市长清区张夏街道办事处

孙海燕　洛阳市孟津区财政局

滕　峻　深圳市宝安区中医院

赵　刚　中铁九桥工程有限公司

朱太云　济南市长清区政务服务中心

（以上副主编排序以姓氏首字母为序）

前 言

时代是不断发展的,社会经济水平也在不断提升,正因这样快速发展的存在,导致市场环境的竞争越来越激烈,所以给广大企业带来的非压力。一个企业想要在激烈的市场竞争中获得胜利,就需要做好打硬仗的准备,加强自身管理。会计是企业重要的管理组织,会计和财务管理都是企业会计重要组成部分,两者相辅相成。在进行企业管理的时候,会计和财务管理各有各的管理特点,又存在一定的交互性。

企业能否有一个更加全面的发展,与企业管理有密不可分的关系。就企业管理内容上,财务管理是重中之重,科学合理的财务管理方法,是企业应对市场变化的基础,是促进企业进一步扩展的坚定基石,对提高企业的核心竞争力有至关重要的。就财务管理而言,出现的问题都不是严重的问题,但在具体操作中却容易被忽视的问题,想要解决此类问题,只要稍加注意,就能够避免发生,进而才能让企业规避不良发展。

本书立足于市场经济发展实际。随着市场经济的发展和管理水平提高,企业会计逐步形成两个相对独立的领域:财务会计和管理会计。作为企业会计的两大分支它们之间既有区别又有联系。因此,需要重视两者之间的关系,才能做好企业的管理工作,促进企业健康发展。

目录

第一章　总论 ··· 1

　　第一节　会计的概念与目标 ··· 1

　　第二节　会计的职能与方法 ··· 6

　　第三节　会计基本假设和会计基础 ·· 11

　　第四节　会计信息的使用者及其质量要求 ···································· 13

　　第五节　会计准则体系 ·· 16

第二章　借贷记账法下主要经济业务的账务处理 ································· 19

　　第一节　企业的主要经济业务 ·· 19

　　第二节　资金筹集业务的账务处理 ·· 20

　　第三节　固定资产业务的账务处理 ·· 23

　　第四节　材料采购业务的账务处理 ·· 29

　　第五节　生产业务的账务处理 ·· 33

　　第六节　销售业务的账务处理 ·· 37

　　第七节　期间费用的账务处理 ·· 41

　　第八节　利润形成与分配业务的账务处理 ···································· 42

第三章　企业主要经济业务的核算 ··· 47

　　第一节　企业主要经济业务概述 ·· 47

　　第二节　资金筹集业务的核算 ·· 49

　　第三节　供应过程业务的核算 ·· 54

　　第四节　生产过程业务的核算 ·· 59

　　第五节　销售过程业务的核算 ·· 66

　　第六节　财务成果形成与分配业务的核算 ···································· 73

第四章　会计凭证 ··· 75

　　第一节　会计凭证概述 ·· 75

- 第二节 原始凭证 ... 77
- 第三节 记账凭证 ... 83
- 第四节 会计凭证的传递和保管 ... 88

第五章 财务会计报告 ... 91
- 第一节 财务报表概述 ... 91
- 第二节 资产负债表 ... 94
- 第三节 利润表 ... 98

第六章 财务管理总论 ... 99
- 第一节 财务管理的概念 ... 99
- 第二节 财务管理的目标 ... 110
- 第三节 企业组织形式与财务管理 ... 115
- 第四节 财务管理的环境 ... 121

第七章 财务管理价值观念 ... 131
- 第一节 货币时间价值 ... 131
- 第二节 风险与报酬 ... 148
- 第三节 证券估值 ... 163

结 语 ... 166

参考文献 ... 167

第一章 总论

本章主要内容为：会计概念、会计对象、会计目标、会计准则体系、会计核算方法、收付实现制；熟悉会计的基本特征、会计的基本职能；掌握会计基本假设、权责发生制和会计信息质量要求。

第一节 会计的概念与目标

一、会计的概念及特征

（一）会计发展历程

会计的发展历程经过古代会计、近代会计和现代会计三个阶段。

1. 古代会计阶段

会计是随着人类社会生产的发展和经济管理的需要而产生、发展并不断完善，为适应社会生产活动的客观要求而产生和发展起来的。众所周知，物质资料的生产是人类社会赖以生存和发展的基础。在生产活动中，为了获得一定的劳动成果，必然要耗费一定的人力、财力、物力，人们一方面关心劳动成果的多少，另一方面也注重劳动耗费的高低，力求以尽量少的劳动耗费创造尽量多的、满足社会需要的物质财富。只不过在不同生产力发展阶段，人们对其关心的手段、方法及水平不同而已。在人类社会早期，人们仅仅凭借头脑来记忆生产活动过程中的所得与所费；随着生产活动的日益纷繁、复杂，大脑记忆已无法满足上述需要，于是，便产生了专门记录和计算生产活动过程中所得与所费的会计；随着生产与经营活动的进一步发展，会计已由简单的记录和计算，逐渐发展成为以货币为单位来综合反映和监督单位经济活动的一种经济管理工作。

会计的历史源远流长，中国古代的会计至少可追溯到伏羲时代。当时随着剩余物品的出现，私有财产制度产生，数学的萌芽以及社会生产的发展，出现了伏羲时代的"结绳记事"以及黄帝时代的"刻契记数"，但这时的会计还仅仅处于萌芽阶段。西周时代，随着农业、手工业及商业的发展，社会经济活动日益复杂，人们对计量记录有了更高的要求。清代学者焦循在《孟子正义》一书中，将西周的会计描述为"零星算之为计，总合算之为会"，其意思是，岁末的全年总合计算以及日常的零星计算，合起来即叫作"会计"，这就概括了"会计"二字连用的含义。西周王朝已经建立起较为严格的会计机构，设立了专管钱粮赋税的官员，并建立了所谓"以参互考日成，以月要考月成，以岁会考岁成"的"日成""月要""岁会"等报告文书，初步具有旬报、月报、年报等会计报表的雏形。到了宋代，产生了"四柱清册"记账法，将旧管（期初结存数）、新收（本期收入数）、开除（本期支出数）、实在（期末结存数）有机结合起来，形成"旧管＋新收－开除＝实在"的平衡关系，奠定了中式复式记账法的理论基础。明清时代，在民间商业企业发明和采用了"龙门账"，将所有交易或者事项科学地划分为"进（收入）、缴（费用）、存（资产及债权）、该（负债及业主投资）"四大类，并以"进－缴＝存－该"作为其试算平衡公式计算盈亏，分别采用轧制的盈亏计算方式，双方相等时称为"合龙门"。在此基础上，于清代末期又发展出"天地合账"，对任何交易或者事项均在账簿中记录两笔，既登记来账，又登记去账，以核算其来龙去脉，成为名副其实的复式记账法，一直延续到20世纪上半叶。

2. 近代会计阶段

13世纪到15世纪的西方，地中海沿岸某些城市的商业和手工业兴旺发达，经济繁荣，从而产生了科学的复式记账法，意大利数学家卢卡·巴乔利于1494年出版的《算术、几何、比及比例概要》一书，其中的"簿记论"介绍了日记账、分录账、总账以及试算表的编制方法，介绍了复式记账的原理和方法，其标志着世界近代会计的开始。复式记账法的产生与发展，对于推动世界会计的发展具有极其重要的作用，历经若干个世纪长盛不衰，即便在会计逐步由手工操作向电算化过渡的今天，复式记账法的理论和方法仍是会计电算化的基础。

3. 现代会计阶段

现代会计按服务对象不同，主要分为财务会计和管理会计。财务会计主要侧重于对外部相关单位和人员提供财务信息，属于"对外报告会计"；管理会计主要是为强化单位内部经营管理、提高经济效益服务，属于"对内报告会计"。美国发生于20世纪20年代末的经济危机，促成了《证券法》和《证券交易法》的颁布，以及会计准则的系统研究和制定。财务会计准则体系的形成奠定了现代会计法规体系和现代会计理论体系的基础，还促进了传统会计向现代会计的转变。在西方，管理会计萌芽于20世纪初，随着经济社会环境、企业生产经营模式以及管理科学和科技水平的不断发展而逐步演进，至今大致经历了三个阶段：一是20世纪20—50年代的成本决策与财务控制阶段；二是20世纪50—80年代的管理控制与决策阶段；三是20世纪90年代至今的强调价值创造阶段。

（二）会计的概念

由上述会计发展历程的简要回顾不难看出，会计的产生是基于管理社会生产生活的需要；会计的不断发展和完善，是社会生产力水平日益提高、社会经济生活日益复杂的结果，更是人们追求少费多得、提高经济效益的结果。经济越发展，会计越重要。基于此，会计由生产职能的附带部分，从生产职能中分离出来，成为特殊专门的独立职能。为此，会计理论界根据会计的作用和功能，结合现实经济生活，对会计进行定义，从而形成会计概念：会计是以货币为主要计量单位，运用专门的方法，核算和监督一个单位经济活动的一种经济管理工作。

会计已经成为现代企业一项重要的管理工作。企业的会计工作主要是通过一系列会计程序，对企业的经济活动和财务收支进行核算和监督，反映企业财务状况、经营成果和现金流量，反映企业管理层受托责任履行情况，为会计信息使用者提供决策有用的信息，并积极参与经营管理决策，提高企业经济效益，促进市场经济的健康有序发展。

（三）会计的基本特征

上述会计概念体现会计的以下基本特征。

1. 会计是一种经济管理活动

会计产生于人们对经济活动进行管理的需要，并随着加强经济管理提高经济效益的要求而发展。会计的目的是加强经营管理，提高经济效益。从本质上看，会计就是一种经济管理活动。

2. 会计是一个经济信息系统

会计作为一个信息系统，其主要特征是将单位经济活动的各种数据转换为货币化的会计信息，为内部管理者和外部利益相关者进行经济决策提供主要依据。随着经济的发展和社会的进步，科学技术日新月异，特别是资本市场的建立和发展，会计对经济信息的作用日益显现。

3. 会计以货币作为主要计量单位

会计计量是对交易或事项的数量关系进行计算、衡量的过程，实质是以数量关系揭示其内在关系。在商品货币经济环境下，会计主要采用货币计量尺度，运用其独特的技术方法，向有关关系人提供社会经济生活所需要的经济信息。同时，还利用所掌握的信息参与经营管理，尽量少费多得，以最大限度地提高效益。

4. 会计具有核算和监督的基本职能

会计的基本职能是指会计在经济管理过程中所具有的功能。会计在经济活动中所产生的一切作用，都是会计职能在一定经济条件下的具体表现。在社会经济发展的不同阶段，会计的职能具有不同的特点，经济越发展，会计的职能越丰富，但会计的基本职能是不变的。会计的基本职能包括会计核算和会计监督两个方面。

5.会计采用一系列专门方法

会计方法是用于反映和监督会计对象、执行会计功能、完成会计任务的具体手段。狭义的会计方法是指会计技术方法；广义的会计方法一般包括会计核算方法、会计分析方法和会计监督方法等。这些方法既相对独立，又相互联系、相互配合，共同构成统一的会计方法体系，其中，会计核算方法又是整个会计方法体系中的基本方法。

会计采用一系列专门方法，对特定主体的经济活动进行记账、算账、报账，为各有关方面提供会计信息。如根据交易或者事项填制和审核会计凭证，按照规定的会计科目设置账户，运用复式记账法登记账簿，按一定对象计算成本，定期或不定期进行财产清查，最后，根据账簿记录编制会计报表。

二、会计的对象与目标

（一）会计对象

会计需要以货币为主要计量单位，对特定主体的经济活动进行核算与监督。也就是说，凡是能够以货币表现的经济活动，都是会计核算和监督的内容，就是会计对象。而以货币表现的经济活动，通常又称为价值运动或资金运动，因而我们可以把会计对象的内容概括为生产经营过程中的资金运动。资金运动包括各特定对象的资金投入、资金运用、资金退出等过程，在不同的企业、行政，事业单位，又有较大差异。即使同样是企业，工业、农业、商业、交通运输业、建筑业及金融业等也均有各自资金运动的特点，其中以工业企业最具代表性。工业企业是从事工业产品生产和销售的营利性的经济组织。下面以工业企业为例，说明企业会计对象的基本内容。为了从事产品的生产与销售活动，企业必须拥有一定数量的资金，用于建造厂房、购买机器设备、购买原材料、支付职工工资、支付经营管理中必要的开支等，生产出的产品经过销售后，收回的货款还要补偿生产中的垫付资金，偿还有关债务，上缴有关税金等。由此可见，工业企业的资金运动包括资金的投入资金的循环与周转（包括供应过程、生产过程和销售过程三个阶段）和资金的退出三部分，既有一定时期内的显著运动状态（表现为收入、费用、利润等），又有一定日期的相对静止状态（表现为资产同负债及所有者权益的恒等关系）。资金投入是资金运动的起点，资金投入包括企业所有者投入的资金和债权人投入的资金两部分，前者属于企业所有者权益，后者属于企业债权人权益——企业负债。投入企业的资金一部分构成流动资产，另一部分构成非流动资产。资金的循环和周转分为供应、生产、销售三个阶段。在供应过程中，企业要购买原材料等劳动对象，发生材料买价、运输费、装卸费等材料采购成本，与供应单位发生货款的结算关系。在生产过程中，劳动者借助劳动手段将劳动对象加工成特定的产品，发生原材料消耗的材料费、固定资产磨损的折旧费、生产工人劳动耗费的人工费等，构成产品使用价值与价值的统一体。同时，还将发生企业与工人之间的工资结算关系，与有关单位之间的劳务结算关系等。在销售过程中，将生产的产品销售出去，发生有关支付销售费用、收回货款、缴纳税金等业务活动，并同购货单位发生货款结算关系，同税务机关发生税务结算关系等。企业获得的销售收入，扣除各项费用成本后的利润，还要提取盈余公积，并向投资者分配利润。资金的退出，包括偿还各项债务、上缴各项税金、向投资者分配利润等，使得这部分资金离开本企业，退出本企业的资金循环与周转。制造业的资金运动过程如图1-1所示。

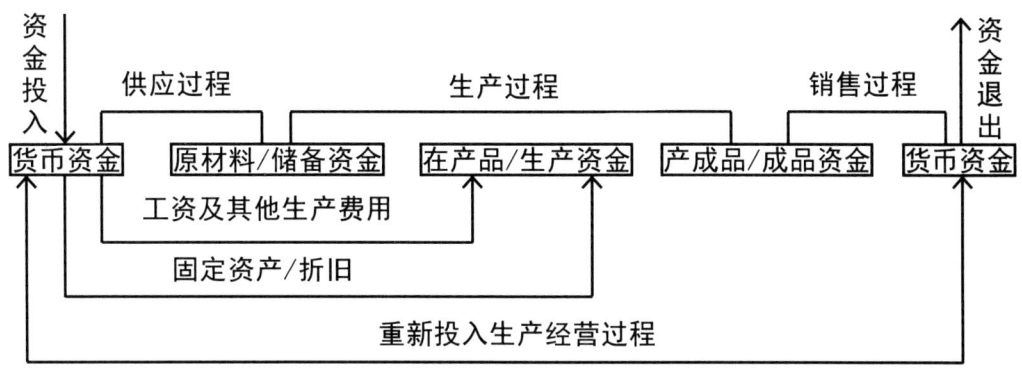

图1-1 制造业的资金运动过程

上述资金运动的三个阶段是相互支撑、相互制约的统一体。没有资金的投入，就不会有资金的循环与周转；没有资金的循环与周转，就不会有债务的偿还、税金的上缴和利润的分配等。而从理论上讲，没有这类资金的退出，就不会有新一轮资金的投入，就不会有企业进一步的发展。值得注意的是，不是企业生产经营过程的全部内容都是会计核算的对象，只有以货币表现的经济活动，才是会计核算的内容。

因此，会计对象是指会计所核算和监督的内容，具体是指社会再生产过程中能以货币表现的经济活动，即资金运动或价值运动。

（二）会计目标

会计目标也称会计目的，是要求会计工作完成的任务或达到的标准，即向财务会计报告使用者提供与企业财务状况、经营成果和现金流量等有关的会计信息，反映企业管理层受托责任履行情况，有助于财务会计报告使用者做出经济决策。

1.反映企业管理层受托责任履行情况

在现代企业制条件下，企业所有权和经营权分离，企业管理层是受委托人委托经营管理企业及其各项资产，负有受托责任。企业管理层经营管理的各项资产基本上均为投资人投入的资本（或者留存收益作为再投资）、向债权人借入的资金形成的，企业管理层有责任妥善保管，并合理、有效运用这些资产。为了评价管理层的责任情况和业绩，并决定是否必要继续聘用或更换管理层，是否需要调整投资或者信贷决策，是否需要加强企业内部控制制度和其他制度建设等，企业投资者和债权人等需要及时了解企业管理层保管和使用资产的情况。因此，会计应当反映企业管理层受托责任履行情况，以便外部投资者和债权人等评价企业经营管理责任和资源使用的有效性。

2.向财务会计报告使用者提供经济决策有关信息

生成和提供会计信息是一项基础会计工作，编制财务会计报告的目的是满足财务报告使用者的信息需要，有助于财务会计报告使用者做出是否投资、是否发放或回收贷款等经济决策；有助于政府部门做出促进经济资源公平合理分配、市场经济秩序公正有序发展等宏观经济决策。财务会计报告使用者包括投资者、债权人、政府及其部门和社会公众等。

第二节 会计的职能与方法

一、会计的职能

会计的职能是指会计在经济管理过程中所具有的功能，会计具有会计核算和会计监督两项基本职能和预测经济前景、参与经济决策，评价经营业绩等拓展职能。

（一）会计的基本职能

1.会计核算职能

会计核算职能，又称会计反映职能，是指会计以货币为主要计量单位，对特定主体的经济活动进行确认、计量和报告。通俗地讲，通过会计工作，真实核算经济活动情况，为经济管理提供准确的信息。会计核算职能是会计最基本的职能，它贯穿于经济活动的全过程，经过以下核算环节。

（1）确认。指通过一定的标准或者方法来确定所发生的经济活动是否应该或能够进行会计处理。

（2）计量。指以货币为单位对已确定为可以进行会计处理的经济活动确定其应记录的金额。

（3）记录。指通过一定的会计专业方法按照上述确定的金额将发生的经济活动在特有的载体上进行登记的工作。

（4）报告。指以通过编制会计报表的形式向有关方面和人员提供会计信息，是会计工作的最终环节。

2. 会计监督职能

会计监督职能，又称会计控制职能，是指对特定主体经济活动和相关会计核算的真实性、合法性和合理性进行监督检查。即以一定的标准和要求，根据会计所提供的信息，对特定主体的经济活动进行有效指导、控制和调节，以达到预期目的。合法性审查是指保证各项交易或者事项符合国家的有关法律法规，遵守财经纪律，执行国家的各项方针政策，杜绝违法乱纪行为；合理性审查是指检查各项财务收支是否符合特定对象的财务收支计划，是否有利于预算目标的实现，是否有奢侈浪费行为，是否有违背内部控制制度要求等现象，为增收节支、提高经济效益严格把关。会计监督是一个过程，它分为事前监督事中监督和事后监督。事前监督是对将要发生的经济活动进行会计监督，事中监督是对正在发生的经济活动进行会计监督，事后监督是对已经发生的经济活动进行会计监督。事前监督与事中监督有利于及时发现问题，及时采取补救措施，防患于未然；事后监督便于全面、真实、准确地检查经济活动的全过程，提高会计监督的准确性。应结合具体情况，灵活选择监督的方法。

3. 会计核算与监督职能的关系

会计核算与监督职能两项基本会计职能是相辅相成、辩证统一的关系。会计核算是会计监督的基础，没有核算所提供的各种信息，监督就失去了依据；会计监督又是会计核算质量的保障，只有核算没有监督，就难以保证核算所提供信息的真实性、可靠性。随着生产力水平的日益提高、社会经济关系的日益复杂和管理理论的不断深化，会计所发挥的作用日益重要，其职能也在不断丰富和发展。除了进行会计核算和实施会计监督两个基本职能外，会计还具有预测经济前景、参与经济决策、控制经济过程、评价经营业绩等职能。后几项职能是在会计基本职能的基础上拓展出来的，但已发挥着越来越重要的作用。

（二）拓展职能

会计除了核算和监督两个基本职能外，还具有以下三项拓展职能。

1. 预测经济前景

会计预测是依据会计信息及有关技术经济信息，运用一定的会计和数学方法，对企业未来的经济活动，尤其是价值运动过程中各个方面的发展状况、趋势和预期出现的结果，进行估计和预先计算。会计预测内容包括资金预测、成本预测利润预测等。会计预测的依据主要是会计资料，它是利用已经取得的会计信息产生新会计信息的过程。即会计预测是一个信息处理和信息反馈的过程。会计预测的直接目的是为单位经济活动服务，为会计决策提供信息。

2. 参与经济决策

会计是以货币为计量单位，反映和监督一个单位经营活动的经济管理工作。在企业，主要是反映财务状况经营成果和现金流量，并对企业的经济活动和财务收支进行分析监督。会计通过会计信息的提供以及分析，协助企业管理决策者进行经营管理决策，即参与经济决策。会计决策主要体现在筹资决策、投资决策和生产成本决策等方面，并需要借助一定的财务指标来表现，如资金，成本、利润等。会计参与经济决策对于加强经营管理和财务管理、提高经济效益、维护市场经济秩序，有着不可或缺的作用。

3. 评价经营业绩

会计通过核算等资料，采用一定的方法，对企业的财务状况经营业绩及财务预算、计划执行情况进行分析评价，发现问题，查明原因，从而总结经验，提出改进措施，以提高企业经济效益。如财务会计可以通过定期编制财务报表，揭示一个企业的财务经营状况及其变动趋势和最终经营业绩；也可以通过对财务报告的分析评价，肯定成绩，找出差距，提出建议，采取解决措施。

二、会计核算方法

会计核算方法是指对会计对象进行连续、系统、全面、综合的确认、计量和报告所采用的各种方法。

（一）会计核算方法体系

会计核算方法体系由填制和审核会计凭证、设置会计科目和账户、复式记账、登记会计账簿、成本计算、财产清查、编制财务会计报告等专门方法构成。它们相互联系、紧密结合，确保会计工作有序进行。下面将分别介绍会计核算方法体系中的各种专门方法。

1. 填制和审核会计凭证

填制会计凭证，就是将已经发生和已经完成的各项交易或者事项逐一记录在会计凭证上，并由经办人签章。填制好的会计凭证在记账之前还要经专人审核，并按其应记入的账户编制会计分录，按会计分录登记账户。

通过填制和审核会计凭证、编制会计分录、对交易或者事项做出原始记录，能够明确经济责任并形成记账依据。通过填制和审核会计凭证，可以对企事业单位的经济活动进行经常的、有效的监督。

2. 设置会计科目和账户

设置会计科目和账户是对会计对象的具体内容进行归类核算和监督的一种专门方法。会计对象的内容是复杂多变的，为了对各项交易或者事项进行系统的核算和监督，就必须对会计内容按照其本身的性质和管理的要求进行科学的分类，划分为若干个科目，并为每个科目开设具有一定结构内容的账户，通过账户分门别类登记交易或者事项，以便取得各项经济指标。

3. 复式记账

复式记账是对每项交易或者事项，都以相同的金额同时在两个或两个以上相互联系的账户中进行登记，借以完整反映每一项交易或者事项的方法。

在经济活动中，每项交易或者事项的发生都会引起两项资金形式的变化。比如用银行存款购买材料，一方面引起银行存款减少，另一方面引起材料增加，这两种形态都需要在账户中登记。每项交易或者事项只有在两个或两个以上账户中同时登记，才能完整地反映资金的来龙去脉，才能把交易或者事项连续记录下来。通过复式记账，还可以检查监督交易或者事项的收支活动。

4. 登记会计账簿

登记会计账簿就是以会计凭证为依据，采用复式记账方法，把每项交易或者事项分门别类地登记到有关账户中去。

将交易或者事项全部记入会计凭证，只是取得一个记账的依据。会计凭证是大量的、分散的，只有按交易或者事项发生的性质分类后，记到有关账户中，才能提供比较系统的全面的会计信息。账簿是账户的集合，是记录和存储会计信息的数据库，是编制会计报表的依据。

5. 成本计算

成本计算就是企业将生产经营过程中发生的直接费用和间接费用按照不同的成本计算对象进行归类，从而计算不同成本计算对象的总成本和单位成本。

凡是实行独立核算的企业，都必须进行成本计算。工业企业需计算产品生产成本和销售成本，商业企业需要计算商品进价成本和销售成本建筑安装企业需要计算建筑安装成本等。成本计算是企业进行经济核算的中心环节，通过成本计算可以了解生产经营活动的经济效益。比较收支，可以检查经营过程营运资金的运用效果，促使企业改进措施、加强核算、节约支出。成本计算还是进行成本预测、编制成本计划的基础。

6.财产清查

财产清查就是通过盘点实物，核对账目，核对各项资产、负债和所有者权益，查明实有数，保证账实相符的一种专门方法。通过财产清查，一方面可以加强会计记录的真实性、正确性，保证账实相符；另一方面还可以查明资产来源情况，债务、债权的清偿情况，以及各项资产运用和存货情况。

7.编制财务会计报告

编制财务会计报告是指按照一定格式定期总括地反映财务状况和经营成果的一种专门方法。财务会计报告由会计报表、会计报表附注和财务情况说明书组成。编制财务会计报告可以为信息使用者集中提供主要会计信息，有利于改善企业生产经营管理，并为有关单位提供投资的决策依据。会计核算方法程序如图1-2所示。会计核算的各个方法不是孤立的，它们在会计核算过程中相互配合，形成一个有机的方法体系。

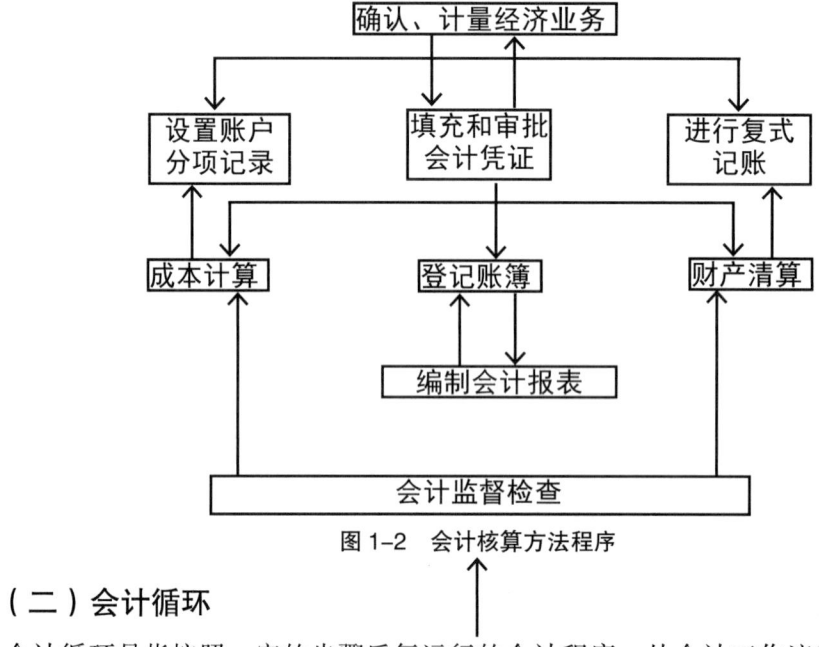

图1-2 会计核算方法程序

（二）会计循环

会计循环是指按照一定的步骤反复运行的会计程序。从会计工作流程看，会计循环由确认、计量和报告等环节组成；从会计核算的具体内容看，会计循环由填制和审核会计凭证，设置会计科目和账户、复式记账、登记会计账簿、成本计算、财产清查、编制财务会计报告等组成。填制和审核会计凭证是会计核算的起点。

会计主体在每一会计期间，应用一系列的会计处理方法和程序，对所发生的交易或者事项，按照一定的会计步骤，进行确认、计量和报告的过程，这一过程依次逐步进行，周而复始，这就是会计循环。通常，一个会计期间表示一个会计循环，本次循环的终结就是下次会计循环的开始。所以，会计循环是由若干个步骤所组成的从经济数据的收集，输入、加工、处理直至会计信息的输出的整个工作流程。填制和审核会计凭证、设置会计科目和账户、复式记账、登记会计账簿、成本计算、财产清查、编制财务会计报告，这些是会计循环的具体基本步骤，从起点到终点逐步进行，又周而复始。

第三节　会计基本假设和会计基础

一、会计基本假设

面对错综复杂且千变万化的交易或者事项，会计人员在进行企业会计确认、计量和报告时，需要对会计核算所处时间、空间环境等进行合理的设定，这些设定就是会计核算的前提和条件。为了达到会计核算的目的而进行的这些推断设定，即会计基本假设，亦称会计核算前提。因此，会计基本假设是企业会计确认、计量和报告的前提，是对会计核算所处时间、空间环境等进行合理的设定，包括会计主体、持续经营、会计分期和货币计量。

（一）会计主体

会计主体是指企业会计确认、计量和报告的空间范围，即会计核算和监督的特定单位或者组织。会计主体前提要求以独立的经济活动实体作为设置会计的范围。凡是根据会计准则及制度的规定，实行独立核算、独立编制会计报表的企业单位，不论独资、合资或股份制经营，在会计上假定是一个主体。这种前提可以使经营单位与所有者相分离，通过会计核算，明确经营者所负的各项经济责任。

由此可见，会计主体是一个独立的经济实体，是独立于财产所有者之外的会计核算单位。会计主体独立记录与核算单位有关的交易或者事项，严格排除与企业生产经营无关的而属于其他单位或所有者本人的收支活动。比如业主在其他单位投资、合伙人处理消费已分得的利润，都不能在本会计主体中反映。同时，可知，非独立核算的经济实体，也不是会计主体。例如，一个商店，它不实行独立经济核算，只是采取报账制，按时间向公司报账，这类经济实体，不是会计主体，它只是公司会计主体的一部分。只有通过对会计主体的界定，才能明确会计核算的活动空间，以利正确组织会计核算。

应当注意会计主体与法律主体（法人）是有区别的。所有的法律主体（法人）可以作为一个会计主体，但会计主体不一定都具有法人资格（法律主体）。比如一个企业集团，由若干具有法人资格的企业组成，各个企业既是独立的会计主体也是法律主体，但为了反映整个集团的财务状况、经营成果和现金流量情况，还应编制该集团的合并会计报表。企业集团是会计主体，但通常不是一个独立的法人。

（二）持续经营

持续经营是指在可以预见的未来，会计主体将会按当前的规模和状态持续经营下去，不会停业，也不会大规模削减业务。即在可以预见的将来，该会计主体不会面临破产清算，其交易或者事项活动是持续正常进行的。

《企业会计准则——基本准则》规定："企业会计确认、计量和报告应当以持续经营为前提。"会计核算以企业持续正常的经营活动为前提，会计信息的收集处理、会计方法的选择都应该建立在持续经营的前提基础上，有了持续经营的假设，对资产按历史成本计价，折旧费用的分期提取摊销才能正常进行。否则，资产的评估、费用在受益期分配、负债按期偿还，以及所有者权益和经营成果将无法确认。例如，固定资产的价值通常在其使用年限内分期转作费用，逐渐减少固定资产的价值，这一方法就是以持续经营为前提的。

（三）会计分期

会计分期是指将一个会计主体持续经营的生产经营活动划分为一个个连续的、长短相同的期间，以便分期结算账目和编制财务会计报告。会计分期解决了会计核算和会计报告从何时开始、到何时为止的问题，限定了会计的报告期，它是持续经营假设的补充。会计核算方法和原则只有建立在持续经营的前提下，依照会计期间分期记录、计算、汇总和报告，才能达到会计预定的目标。

二、会计基础

会计基础是指会计确认、计量和报告的基础，包括权责发生制和收付实现制两种。

（一）权责发生制

权责发生制，也称应计制或应收应付制，是指收入、费用的确认应当以收入和费用的实际发生作为确认的标准，合理确认当期损益的一种会计基础。权责发生制要求，凡当期已经实现的收入和已经发生或应当负担的费用，无论款项是否收付，都应当作为当期的收入和费用，计入利润表；凡是不属于当期的收入和费用，即使款项已在当期收付，也不应当作为当期的收入和费用。以权益和责任的发生来决定收入和费用归属期的，即凡是权益和责任已经发生，不论款项是否实际收付，都应记入本期内。反之，凡是权益和责任没有发生，即使款项收、付已经实现，也不应计入本期内。权责发生制从时间上确定了会计确认的基础。实行这一制度，要求在会计期末，对某些收入和费用进行调整，如应计费用的预提、待摊费用的摊销等。权责发生制能够更准确地反映特定会计期间真实的财务状况及经营成果。《企业会计准则——基本准则》规定，企业会计以权责发生制为基础进行确认、计量和报告。部分行业事业单位的会计核算采用权责发生制核算。《政府会计准则——基本准则》规定，政府会计由预算会计和财务会计构成，其中财务会计实行权责发生制。

（二）收付实现制

收付实现制，也称现金制，是以收到或支付现金作为确认收入和费用的标准，它是与权责发生制相对应的一种会计基础。凡是在当期实收实付的金额，都作为当期的收入和费用处理；凡是当期没有实际收入和支付的金额，都不能作为当期的收入和费用处理。采用这一制度，在会计期末无须就收入和费用进行调整，会计处理较为简单，但各期损益的计算不易准确。在我国，事业单位会计核算一般采用收付实现制。事业单位部分经济业务或者事项，以及部分行业事业单位的会计核算采用权责发生制核算的，由财政部在相关会计制度中具体规定。

第四节　会计信息的使用者及其质量要求

一、会计信息的使用者

会计信息是指会计工作所提供的经济信息，以凭证、账户、报表及有关分析资料等形式存在，主要以财务会计报告的形式反映。会计信息反映企业的财务状况、经营业绩和资金流动等情况，为会计信息的使用者提供经济决策的科学依据。

随着企业建制和资本市场的不断发展完善，会计信息使用者的范围也较以往大大增加，关注程度越来越高，会计信息的使用者主要包括投资者、债权人、企业管理者、政府及其相关部门和社会公众等。会计信息的使用者不同，各自关注的侧重点也不一样。企业投资者关注企业的盈利能力和发展能力，他们需要借助会计信息决定是否投资更换管理层和加强企业内部控制等。

企业管理者是会计信息的重要使用者，特别关注企业的盈利能力他们需要借助会计信息管理、控制企业，做出经营决策。

债权人和供应商主要关注企业的偿债能力和财务风险，债权人需要借助会计信息决定是否发放贷款，供应商根据会计信息判断能否回收货款等。

政府相关部门关心的是社会效益及税收，需要会计信息，用于监管企业制定政策和国民经济统计等。

社会公众主要关注的是企业的生产经营活动和可持续发展能力，有没有生产伪劣产品，是否对环境造成污染，企业在该类方面的投入多少，能不能增加就业等。

二、会计信息的质量要求

会计信息的质量要求是对企业财务会计报告中所提供的高质量会计信息的基本规范，是使财务会计报告中所提供的会计信息对投资者等使用者决策有用而应具备的基本特征，主要包括可靠性、相关性、可理解性、可比性、实质重于形式重要性、谨慎性和及时性等。

会计信息的质量要求直接关系到会计信息使用者的决策行为及后果，会计信息要保证决策有用，必须符合上述基本特征。下面将分别阐述会计信息的基本特征。

（一）可靠性

可靠性要求企业应当以实际发生的交易或者事项为依据，进行会计确认、计量和报告，如实反映符合确认和计量要求的各项会计要素及其他相关信息，保证会计信息真实可靠、内容完整。因此要做到以下几点：

1. 会计记录必须以实际发生的交易或者事项为依据，不受主观意念支配，并且有证明这些交易或者事项的原始凭证；

2. 要求会计核算程序、方法符合交易或者事项的实际特点；

3. 要求如实反映财务状况及其成果，做到记录清楚、内容真实、数字准确、项目完整、资料可靠。

（二）相关性

相关性要求企业提供的会计信息应当与财务会计报告使用者的经济决策需要相关，有助于财务会计报告使用者对企业过去和现在的情况做出评价，对未来的情况做出预测。

相关性要求会计信息与其使用者的需要相关，也就是与其经济决策相关。不同的会计信息使用者，对信息的需要也不一样。根据相关性原则，会计工作在收集、加工、处理和提供会计信息的过程中，应当考虑各方面的信息需求。特定用途的信息，不一定都能通过财务会计报告来提供。

（三）可理解性

可理解性要求企业提供的会计信息应当清晰明了，便于财务会计报告使用者理解和使用。

提供会计信息的目的在于使用，要让使用者了解信息的内涵，就要求会计核算和财务会计报告必须简明扼要。

可理解性要求会计核算的一切记录应当准确、清晰，填制会计凭证，登记会计账簿应做到依据合法，科目对应关系清楚，文字摘要完整。在编制会计报表时，项目之间关系清楚，项目完整，数字准确。

（四）可比性

可比性要求企业提供的会计信息应当相互可比，保证同一企业不同时期可比，不同企业相同会计期间可比。

可比性要求，同一企业不同时期发生的相同或者相似的交易或者事项，应当采用一致的会计政策，不得随意变更。确需变更的，应当在附注中说明；不同企业发生的相同或者相似的交易或者事项，应当采用规定的会计政策，确保会计信息口径一致、相互可比。

（五）实质重于形式

实质重于形式要求企业应当按照交易或者事项的经济实质进行会计确认、计量和报告，不应仅以交易或者事项的法律形式为依据。在实际工作中，交易或事项的外在法律形式或人为形式并不总能完全反映其实质内容。比如，以融资租赁方式租入的资产，虽然从法律形式来讲企业并不拥有其所有权，但是由于租赁合同中规定的租赁期较长，接近于该资产的使用寿命，租赁期结束时承租企业有优先购买该资产的选择权，在租赁期内承租企业有权支配资产并从中收益。从其经济实质来看，企业能够控制其创造未来经济利益，所以，会计核算上将以融资租赁方式租入的资产视为企业资产。会计信息欲反映的交易或事项，就必须根据交易或事项的实质和经济现实，而不能仅仅根据它们的法律形式进行核算和反映。否则，不仅不利于会计信息使用者的决策，反而会误导会计信息使用者的决策。

（六）重要性

企业的会计核算应当遵循重要性原则的要求。企业提供的会计信息应当反映与企业财务状况，经营成果和现金流量等有关的所有重要交易或者事项。根据其重要性程度，采用不同的处理方式。对资产、负债、损益等有较大影响的重大事项，必须按照规定的会计方法和程序进行处理，并在财务会计报告中予以充分、准确地披露；对次要的会计事项，在不影响会计信息真实性和不至于误导财务会计报告使用者做出正确判断的前提下，可适当简化处理。

（七）谨慎性

谨慎性要求企业对交易或者事项进行会计确认、计量和报告应当保持应有的谨慎，不应高估资产或者收益，低估负债或者费用。谨慎性也称为稳健性，谨慎性要求企业在会计处理的各个环节，都应当谨慎、稳健。不得多计资产或收益，不得少计负债或费用，不得计提秘密准备。必须充分估计到风险和损失。对预计发生的损失，可以计算入账，比如计提坏账准备金，批准加速折旧，在物价上扬的情况下，对存货计价采取后进先出法等。但对可能发生的收益、收入则不能计算入账。

（八）及时性

及时性要求企业对已经发生的交易或者事项，应当及时进行会计确认、计量和报告，不得提前或者延后。

对会计事项的处理必须于当期内及时进行，不得拖延至后期或提前到前期进行。会计反映的经济信息是有时限的，只有对交易或者事项及时进行计量、记录、加工整理，才能满足各方面的需要。应在本期处理的会计事项，提到前期会影响会计的内涵和质量，拖期会影响会计信息的效用。

第五节　会计准则体系

企业会计准则体系包括基本准则、具体准则、应用指南和解释公告等。

一、基本准则

基本准则是企业会计准则体系的概念基础，是具体准则及其应用指南等制定的依据，地位十分重要，其作用主要表现在以下两个方面。

一是统驭具体准则的基本准则的制定。基本准则规范了财务报告目标、会计基本假设、会计信息质量要求，会计要素定义及其确认、计量原则、财务报告等基本问题是制定具体准则的基础，对各个具体准则的制定起到统驭的作用。

二是为会计实务中出现的具体准则尚未规范的新问题提供会计处理依据。在会计实务中，由于经济交易事项的不断发展、创新，具体准则的制定有时会出现滞后的情况，企业又急需进行处理，基本准则发挥其规范作用。

基本准则规范包括如下内容。

第一，关于财务报告目标。基本准则明确财务报告目标是向财务报告使用者提供决策有用的信息，并反映企业领导层受托责任的履行情况。

第二，关于会计基本假设。基本准则强调了企业会计确认、计量和报告应当以会计主体、持续经营会计分期和货币计量为会计基本假设。

第三，关于会计基础。基本准则坚持了企业确认、计量和报告应当以权责发生制为基础。

第四，关于会计信息质量要求。依据基本准则建立起会计信息质量要求体系，规定企业财务报告中提供的会计信息应当满足会计信息质量要求。

第五，关于会计要素及其确认、计量原则。基本准则将会计要素分为资产、负债、所有者权益、收入、费用和利润六个要素，同时，对有关要素确立了相应的确认、计量原则。

第六，关于财务报告。基本准则明确了财务报告的基本概念，应当包括的主要内容和应反映的基本要求。

基本准则针对企业会计确认、计量和报告行为做出原则规定，具体准则涉及具体业务必须体现基本准则的要求。有了基本准则的规范，才能保证各具体准则之间的协调性、严密性及科学性。

二、具体会计准则

具体会计准则是按照基本准则的基本要求，针对各种经济业务事项做出的具体规定。按规范对象不同，具体会计准则可以分为三类：第一，有关共同业务的具体准则，如收入、存货、投资等方面的准则；第二，有关特殊行业或特殊业务的具体准则，如银行、农业、保险等行业基本业务的会计准则等；第三，有关披露的具体准则，如现金流量表、关联方关系及交易、资产负债表日后事项等方面的准则。它的特点是操作性强，可以根据它直接组织该项业务的核算。例如，固定资产会计、投资会计、借款会计的准则等都可对照运作。迄今为止，财政部已发布具体准则40多项，比如，合并财务报表、企业年金、合营安排、生物资产等；其中有些后期发布的具体准则是对旧准则的修订，比如，长期股权投资、职工薪酬等。

三、会计准则应用指南

如果把会计基本准则比作"纲"，在整个准则体系中起统驭作用，那么，依据会计基本准则原则要求对有关业务或报告做出具体规定的会计具体准则就是"目"，会计准则应用指南则是会计准则的"补充"，是对具体准则的操作指引。会计准则应用指南是对准则正文的进一步说明，指导具体的会计处理，比如对会计科目和主要经济业务的会计处理进行具体规范。会计准则应用指南以企业会计准则为基础，对各项准则的重点、难点和关键点进行具体解释和说明，着眼于增强准则的可操作性，有助于完整、准确地理解和掌握新准则。应用指南具体内容包括对具体准则的进一步解释，以及对会计科目和主要账务处理做出的操作性规定。应用指南的发布标志着我国企业会计准则体系的构建工作已基本完成。

四、解释公告

解释公告在会计准则体系中有何作用呢？一般在巩固企业会计准则实施已有成果和逐步扩大实施范围的背景下，企业会计准则体系应当保持相对稳定，不能朝令夕改。准则发布之后，随着企业会计准则的深入贯彻实施和扩大实施范围，新情况、新问题不断涌现，客观上要求制定者及时做出解释。同时，我国企业会计准则实现了国际趋同，国际会计准则理事会（IASB）不断发布新准则和解释公告或修改准则，也需要我们结合国情做出相应处理。综合各方面因素，现阶段财政部采取了发布《企业会计准则解释》的方式，能够较好地解决企业的实际问题。《企业会计准则解释》与具体会计准则具有同等效力。

未来会计为管理部门提供一种不断改进的决策工具，并使决策环境得以改善；未来会计积极支持并促进价值创造，它能保证使股东需求得到较好的考虑和满足；未来会计有很大的灵活性，既可用于战术管理也可用于战略管理。它可以构成激励报酬的理想基础。

第二章 借贷记账法下主要经济业务的账务处理

借贷记账法指的是以会计等式作为记账原理，以借、贷作为记账符号，来反映经济业务增减变化的一种复式记账方法。随着商品经济的发展，借贷记账法得到了广泛应用，记账对象不再局限于债权、债务关系，早已扩大到要记录财产物资增减变化和计算经营损益。

第一节 企业的主要经济业务

不同企业的经济业务各有特点，其生产经营业务流程也不尽相同，本章主要介绍制造企业的资金筹集、设备购置、材料采购、产品生产、商品销售和利润分配等经济业务。

企业通过各种渠道筹集生产经营所需要资金进入生产经营准备过程时，主要使用货币资金购置机器设备等固定资产，购买原材料等为生产产品做好物资准备，随后进入生产过程。

产品的生产过程也是成本和费用发生的过程，从外在形态来看，原材料等劳动对象通过加工转化为产成品；从价值形态来看，生产过程中发生的各种耗费形成企业的生产费用，使用厂房、机器设备等劳动资料形成折旧费等，这些耗费的总和组成产品的生产成本。

销售过程是产品价值的实现过程。在销售过程中，企业通过销售产品并办理结算等收回货款或者形成债权。各项收入抵偿各项成本、费用之后的差额，形成企业利润，完成一次资金循环。

利润分配后，一部分资金退出企业，一部分资金以留存收益等形式继续参与企业的资金流转。

针对企业生产经营过程中发生的上述经济业务，账务处理的主要内容有：

1. 资金筹集业务的账务处理；
2. 固定资产业务的账务处理；
3. 材料采购业务的账务处理；

4. 生产业务的账务处理；

5. 销售业务的账务处理；

6. 其间费用的账务处理；

7. 利润形成与分配业务的账务处理。

第二节 资金筹集业务的账务处理

企业的资金筹集业务按其资金来源通常分为所有者权益筹资和负债筹资。所有者权益筹资通常又称为权益资本，包括投资者的投资及其增值，这部分资本的所有者既享有企业的经营收益，也承担企业的经营风险；负债筹资形成债权人的权益（通常称为债务资本），主要包括企业向债权人借入的资金和结算形成的负债资金等，这部分资本的所有者享有按约收回本金和利息的权利。

一、所有者权益筹资业务

（一）所有者权益的概念和来源

所有者权益又称为股东权益，是指企业资产扣除负债后由所有者享有的剩余权益。

根据所有者投入资本的主体不同，所有者投入的资本可以分为国家资本金、法人资本金、个人资本金和外商资本金等。其中，国家资本金是指有权代表国家投资的政府部门或者机构以国有资产投入企业形成的资本金；法人资本金是指其他法人单位以其依法可以支配的资产投入企业形成的资本金；个人资本金是指社会公众以个人合法财产投入企业形成的资本金；外商资本金是指外国投资者以及我国香港、澳门和台湾地区投资者向境内企业投资形成的资本金。

（二）所有者权益的构成

所有者权益主要包括实收资本（或股本）和资本公积。

实收资本（或股本）是指企业的投资者按照企业章程、合同或协议的约定，实际投入企业的资本金以及按照有关规定由资本公积、盈余公积等转增资本的资金。

资本公积是企业收到投资者投入的超出其在企业注册资本（或股本）中所占份额的投资，以及直接记入所有者权益的利得和损失等。资本公积作为企业所有者权益的重要组成部分，主要用于转增资本。

（三）账户设置

企业通常设置以下账户对所有者权益筹资业务进行核算。

1. "实收资本（或股本）"账户

"实收资本"账户（股份有限公司一般设置"股本"账户）属于所有者权益类账户，用以核算企业接受投资者投入的实收资本。

该账户借方登记所有者投入企业资本金的减少额，贷方登记所有者投入企业资本金的增加额。期末余额在贷方，反映企业期末实收资本（或股本）总额。

"实收资本（或股本）"账户可按投资者的不同设置明细账户，进行明细核算。

2. "资本公积"账户

"资本公积"账户属于所有者权益类账户，用以核算企业收到投资者出资额超出其在注册资本或股本中所占份额的部分，以及直接记入所有者权益的利得和损失等。该账户借方登记资本公积的减少额，贷方登记资本公积的增加额。

期末余额在贷方，反映企业期末资本公积的结余数额。

"资本公积"账户可按资本公积的来源不同，设置"资本溢价（或股本溢价）""其他资本公积"明细账户进行核算。

3. "银行存款"账户

"银行存款"账户属于资产类账户，用以核算企业存入银行或其他金融机构无规定用途的款项。有规定用途的款项比如银行汇票存款、银行本票存款、信用卡存款、信用证保证金存款、存出投资款、外埠存款等通过"其他货币资金"账户核算。

该账户借方登记存入的款项，贷方登记提取或支出的款项。期末余额在借方，反映企业存在银行或其他金融机构的各种款项。

"银行存款"账户应当按照开户银行、存款种类等分别进行明细核算。

（四）账务处理

企业接受投资者投入的资本，如为货币资金，则借记"银行存款"科目；如为厂房及其设备，则借记"固定资产"科目；如为专利权，则借记"无形资产"科目等。按其在注册资本或股本中所占份额，贷记"实收资本（或股本）"科目；按其差额，贷记"资本公积—资本溢价（或股本溢价）"科目。

二、负债筹资业务

（一）负债筹资的构成

负债筹资主要包括短期借款、长期借款以及结算形成的负债等。

短期借款是指企业为了满足其生产经营对资金的临时性需要而向银行或其他金融机构等借入的偿还期限在一年以内（含一年）的各种借款。

长期借款是指企业为了扩大经营规模向银行或其他金融机构等借入的偿还期限在一年以上（不含一年）的各种借款。

结算形成的负债主要有应付账款、应付职工薪酬、应交税费等。

（二）账户设置

企业通常设置以下账户对负债筹资业务进行会计核算。

1．"短期借款"账户

"短期借款"账户属于负债类账户，用以核算企业的短期借款。

该账户借方登记短期借款本金的减少额，贷方登记短期借款本金的增加额。期末余额在贷方，反映企业期末尚未归还的短期借款。

"短期借款"账户可按借款种类、贷款人和币种进行明细核算。

2．"长期借款"账户

"长期借款"账户属于负债类账户，用以核算企业的长期借款。

该账户借方登记归还的本金和利息，贷方登记企业借入的长期借款本金和到期一次性还本付息长期借款预计的利息。期末余额在贷方，反映企业期末尚未偿还的长期借款和利息。

"长期借款"账户可按贷款单位和贷款种类，设置"本金""利息调整"等明细账户进行核算。

3．"应付利息"账户

"应付利息"账户属于负债类账户，用以核算企业按照合同约定应支付的利息，包括吸收存款、分期付息到期还本的长期借款、企业债券等应支付的利息。

该账户借方登记归还的利息，贷方登记企业按合同利率计算确定的应付未付利息。期末余额在贷方，反映企业应付未付的利息。

"应付利息"账户可按存款人或债权人进行明细核算。

4．"财务费用"账户

"财务费用"账户属于损益类账户，用以核算企业为筹集生产经营所需资金等而产生的筹资费用，包括利息支出（减利息收入）、汇兑损益以及相关的手续费、企业发生的现金折扣或收到的现金折扣等。需要注意的是，企业为购建或生产满足资本化条件的资产发生的应予资本化的借款费用，通过"在建工程"等账户核算。

该账户借方登记手续费、利息费用等的增加额，贷方登记应冲减财务费用的利息收入等。期末结转后,该账户无余额。

"财务费用"账户可按费用项目进行明细核算。

(三)账务处理

1. 短期借款的账务处理

企业借入的各种短期借款,借记"银行存款"科目,贷记"短期借款"科目;归还借款时做相反的会计分录。资产负债表日,应按计算确定的短期借款利息费用,借记"财务费用"科目,贷记"银行存款""应付利息"等科目。

短期借款必须按期归还本金并按时支付利息。短期借款利息支出属于企业在理财活动过程中为筹集资金而产生的一项耗费,企业应将其作为期间费用(财务费用)来确认。一般情况下,企业一般是按月付息,而计算利率是按年利率来算,因此,要计算月利息的时候要先将年利息率除以12得出月利率,如果不足整月还要化为日利率来算。在将月利率化为日利率时,为了简化起见,1个月份一般按30天计算,1年按360天计算。

2. 长期借款的账务处理

企业借入长期借款,应按实际收到的金额借记"银行存款"科目,按借款本金贷记"长期借款——本金"科目,如存在差额,还应借记"长期借款——利息调整"科目。

资产负债表日,应按确定的长期借款的利息费用,借记"在建工程""制造费用""财务费用""研发支出"等科目;按确定的应付未付利息,贷记"应付利息""长期借款——应计利息"科目,按其差额,贷记"长期借款——利息调整"等科目。

关于长期借款利息费用,按照会计制度的规定,长期借款的利息费用应按借款合同确定利息的支付方式来确认利息费用的处理。如果是逐年计提利息,那么利息作为财务费用或管理费用来处理;如果是到期一起还本付息,那么利息费用计入"长期借款——应计利息"科目。

第三节 固定资产业务的账务处理

一、固定资产的概念与特征

固定资产是指为生产商品、提供劳务、出租或者经营管理而持有、使用寿命超过一个会计年度的有形资产。

固定资产同时具有以下特征。

1.属于一种有形资产。固定资产具有实物特征,这一特征将固定资产与无形资产区别开来。有些无形资产可能同时符合固定资产的其他特征,如无形资产为生产商品、提供劳务而持有,使用寿命超过一个会计年度,但由于其没有实物形态,所以不属于固定资产。

2.为生产商品、提供劳务、出租或者经营管理而持有。企业持有固定资产的目的是生产商品、提供劳务、出租或经营管理,而不是直接用于出售的商品,这个特点将固定资产与存货区别开来。

3.使用寿命超过一个会计年度。这个特点将其与流动资产区别开来。固定资产的使用寿命,是指企业使用固定资产的预计期间,或者该固定资产所能生产商品或提供劳务的数量。固定资产使用寿命超过一个会计年度,表明固定资产属于长期资产,随着使用和磨损可通过计提折旧逐渐减少账面价值。

固定资产核算包括以下三个方面(见图2-1)。

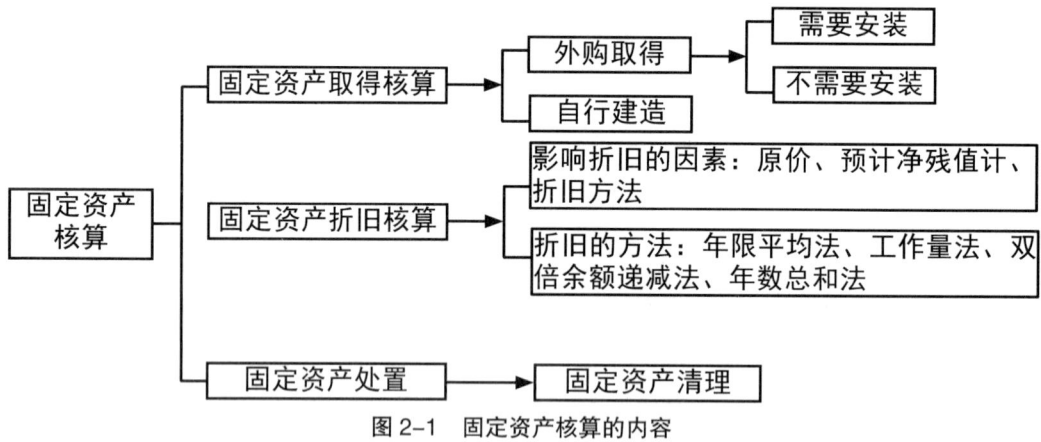

图 2-1 固定资产核算的内容

二、固定资产的成本

固定资产的成本是指企业购建某项固定资产达到预定可使用状态前所发生的一切合理必要的支出。

企业可以通过外购、自行建造、投资者投入、非货币性资产交换、债务重组、企业合并和融资租赁等方式取得固定资产。不同取得方式下,固定资产成本的具体构成内容及其确认方法也不尽相同。

外购固定资产的成本包括买价、相关税费以及使固定资产达到预定可用状态前所发生的可归属于该项资产的运输费、装卸费、安装费以及相关人员服务费等。

需要注意的是,自2016年5月1日增值税转型改革后,企业购建(包括购进、接受捐赠、实物投资、自制、改扩建和安装)固定资产的增值税进项税额可以从销项税额中抵扣。

三、固定资产的折旧

（一）固定资产折旧的含义

固定资产的折旧是指在固定资产使用寿命内，按照确定的方法对应计折旧额进行的系统分摊。其中，应计折旧额是指应计提折旧的固定资产的原价扣除其预计净残值后的金额。

已计提减值准备的固定资产，还应当扣除已计提的固定资产减值准备累计金额。

（二）固定资产折旧的影响因素

影响固定资产折旧的因素主要有四个，即原始价值、预计净残值、预计使用年限和固定资产减值准备。

1. 原始价值

原始价值是指固定资产的实际取得成本，就折旧计算而言，也称为折旧基数。将原始价值作为计提折旧的基数，可以使折旧的计提建立在客观、统一的基础上，不易受主观因素的影响。

2. 预计净残值

预计净残值是指假定固定资产的预计使用寿命已满并处于使用寿命终了时的预期状态，企业目前从该项资产的处置中获得的扣除预计处置费用后的金额。预计净残值率是指固定资产预计净残值额占其原价的比率。企业应当根据固定资产的性质和使用情况，合理确定固定资产的预计净残值。预计净残值一经确定，不得随意变更。

3. 预计使用年限

预计使用年限也称折旧年限，是指固定资产的预计经济使用年限。它通常短于固定资产的物理使用年限。固定资产的使用年限取决于固定资产的使用寿命。

4. 固定资产减值准备

固定资产减值准备是指固定资产已计提的固定资产减值准备累计金额。固定资产计提减值准备后，应当在剩余使用寿命内根据调整后的固定资产账面价值和预计净残值重新计算确定折旧率和折旧额。

（三）固定资产折旧的注意事项

1. 企业应当按月对所有的固定资产计提折旧，当月增加的固定资产，当月不计提折旧，从下月起计提折旧；当月减少的固定资产，当月仍计提折旧，从下月起不计提折旧。

2. 因进行大修理而停用的固定资产，应照常计提折旧。计提的折旧计入相关资产成本或相关损益。

3. 不再计提计旧的情况有：

（1）提前报废的固定资产，不再补提折旧。

（2）已提足折旧仍继续使用的固定资产不再提折旧。提足折旧是指已经提足该项固定资产的应计折旧额。

（3）处于更新改造过程停止使用的固定资产，应将其账面价值转入在建工程，不再提计提折旧。

（4）单独计价入账的土地和持有待售的固定资产。

（四）固定资产计提折旧的方法

企业可选用的折旧方法有年限平均法、工作量法、双倍余额递减法和年数总和法等。因考试大纲中以年限平均法和工作量法为重点，所以本书重点介绍年限平均法和工作量法。

1. 年限平均法

年限平均法，又称直线法，是指将固定资产的应计折旧额均匀地分摊到固定资产预计使用寿命内的一种方法。这种方法假定固定资产的折旧金额是依据使用年限均匀损耗的，因此，使用年限内各期的折旧金额相等。这种方法主要适用于固定资产各期的负荷程度基本相同以及各期应分摊的折旧费用基本相同的情况。各月应计提折旧额的计算公式如下：

年折旧率 =（1 − 预计净残值率）/ 预计使用寿命（年）× 100%

月折旧率 = 年折旧率 ÷ 12

月折旧额 = 固定资产原价 × 月折旧率

2. 工作量法

工作量法，是根据实际工作量计算每期应提折旧额的一种方法。它是假定固定资产在使用年限内其工作量均匀损耗，按工作量计提折旧。在一定期间内固定资产的工作量越多，计提的折旧也就越多。所以，固定资产在使用年限内的各会计期间的工作量不同，计提折旧也就不同。这种方法适用于损耗程度与完成工作量成正比关系的固定资产或在使用年限内不能均衡使用的固定资产。计算公式如下：

单位工作量折旧额 = 固定资产原值 ×（1 − 预计净残值率）/ 预计工作量

某项固定资产月折旧额 = 该项固定资产当月工作量 × 单位工作量折旧额

不同的固定资产折旧方法，将影响固定资产使用寿命期间内不同时期的折旧费用。企业应当根据与固定资产有关的经济利益的预期实现方式合理地选择折旧方法，固定资产的折旧方法一经确定，不得随意变更。

固定资产在其使用过程中，因所处经济环境、技术环境以及其他环境均有可能发生很大变化，企业至少应当于每年年度终了，对固定资产的使用寿命、预计净残值和折旧方法进行复核。

四、账户设置

企业通常设置以下账户对固定资产业务进行会计核算。

1．"在建工程"账户

"在建工程"账户属于资产类账户，用以核算企业基建、更新改造等在建工程发生的支出。

该账户的借方登记企业各项在建工程的实际支出，贷方登记工程达到预定可使用状态时转出的成本等。期末余额在借方，反映企业期末尚未达到预定可使用状态的在建工程的成本。

"在建工程"账户可按"建筑工程""安装工程""在安装设备""待摊支出"以及单项工程等进行明细核算。

2．"工程物资"账户

"工程物资"账户属于资产类账户，用以核算企业为在建工程准备的各种物资的成本，包括工程用材料、尚未安装的设备以及为生产准备的工（器）具等。

该账户的借方登记企业购入工程物资的成本，贷方登记领用工程物资的成本。期末余额在借方，反映企业期末为在建工程准备的各种物资的成本。

"工程物资"账户可按"专用材料""专用设备""工（器）具"等进行明细核算。

3．"固定资产"账户

"固定资产"账户属于资产类账户，用以核算企业持有的固定资产原价。

该账户的借方登记固定资产原价的增加，贷方登记固定资产原价的减少。期末余额在借方，反映企业期末固定资产的原价。

"固定资产"账户可按固定资产类别和项目进行明细核算。

4．"累计折旧"账户

"累计折旧"账户属于资产类备抵账户，用以核算企业固定资产计提的累计折旧。

该账户的借方登记因减少固定资产而转出的累计折旧，贷方登记按月提取的折旧额，即累计折旧的增加额。期末余额在贷方，反映期末固定资产的累计折旧额。

"累计折旧"账户可按固定资产的类别或项目进行明细核算。

五、账务处理

（一）固定资产的取得

1. 购入固定资产

（1）购入不需要安装的固定资产

企业购入的固定资产不需要安装就可以直接交付，应按购入固定资产时确认的成本。借记"固定资产""应交税费——应交增值税（进项税额）"科目，贷记"银行存款"等科目。

（2）购入需要安装的固定资产

企业购入需要安装的固定资产的支出以及产生的安装费用等均应通过"在建工程"科目核算，待安装完毕达到预定可使用状态时，按其实际成本由"在建工程"转入"固定资产"科目。

2. 自建固定资产

企业自行建造的固定资产是指自行建造房屋、建筑物、各种设施以及进行大型机器设备的安装工程（如大型生产线的安装工程）等，按实施的方式不同，分为自营工程和出包工程两种。由于采用的方式不同，其会计处理也不同。

自营工程是指企业自行组织工程物资采购、自行组织施工人员施工的建筑工程和安装工程，主要通过"工程物资"和"在建工程"科目进行核算。

企业采用自营方式进行固定资产工程建设，购入为工程准备的物资，按价款和运杂费等。借记"工程物资"科目，按增值税专用发票上注明的增值税额和运输费用结算单据上注明的运输费用的11%计算的增值税额，借记"应交税费——应交增值税（进项税额）"科目，按支付的价税款和运杂费用，贷记"银行存款"等科目。

自营工程领用的工程物资以及发生的其他费用（如应负担的职工薪酬等），借记"在建工程"科目，分别贷记"工程物资""银行存款""应付职工薪酬"等科目。

工程完工达到预定可使用状态时，借记"固定资产"科目，贷记"在建工程"科目。企业所建造的固定资产已达到预定可使用状态，但尚未办理竣工决算的，应当按照工程预算、造价等估计价值确定其成本转入固定资产，并计提固定资产折旧。待办理竣工决算手续后，再按实际成本调整原来的暂估价值，但不需要调整原已计提的折旧额。

（二）固定资产的折旧

企业按月计提的固定资产折旧，根据固定资产的用途记入相关资产的成本或者当期损益，借记"制造费用""销售费用""管理费用""研发支出""其他业务成本"等科目，贷记"累计折旧"科目。

（三）固定资产的处置

企业因出售、报废、毁损、对外投资、非货币性资产交易、债务重组等原因转出的固定资产以及在清理过程中发生的费用，一般通过"固定资产清理"科目核算。

固定资产转入清理时，按清理固定资产账面价值，借记"固定资产清理"科目；按已提的折旧，借记"累计折旧"科目；按已提的减值准备，借记"固定资产减值准备"科目；按固定资产的原价，贷记"固定资产"科目。发生清理费用（如支付清理人员的工资等），借记"固定资产清理"科目，贷记"银行存款"等科目。

出售收入和收回残料等，按实际收到价款及残料价值等，借记"银行存款""原材料"等科目，贷记"固定资产清理"科目。

企业销售房屋和建筑物等不动产，按照税法有关规定，应该按其销售额计算交纳增值税。销售设备的缴纳增值税，借记"固定资产清理"科目，贷记"应交税金——应交增值税（销项税额）"科目。

固定资产清理的净收益，借记"固定资产清理"科目，贷记"营业外收入"科目；固定资产清理的净损失，借记"营业外支出"科目，贷记"固定资产清理"科目。

第四节 材料采购业务的账务处理

一、材料的采购成本

材料的采购成本是指企业物资从采购到入库前所发生的全部支出，包括购买价款、相关税费、运输费、装卸费、保险费以及其他可归属于采购成本的费用。

在实务中，企业也可以将发生的运输费、装卸费、保险费以及其他可归属于采购成本的费用等先进行归集，期末再按照所购材料的存销情况进行分摊。

二、账户设置

材料日常收发结存可以采用实际成本法核算，也可以采用计划成本法核算，采用不同的方法核算，应设置不同的账户。

企业通常设置以下账户对材料采购业务进行会计核算。

1."原材料"账户

"原材料"账户属于资产类账户，用以核算企业库存的各种材料，包括原料及主要材料、辅助材料、外购半成品（外购件）、修理用备件（备品备件）、包装材料、燃料等的计划成本或实际成本。该账户的借方登记已验收入库材料的成本，贷方登记发出材料的成本。期末余额在借方，反映企业库存材料的计划成本或实际成本。

"原材料"账户可按材料的保管地点（仓库）、材料的类别、品种和规格等进行明细核算。

2."材料采购"账户

"材料采购"账户属于资产类账户，用以核算企业采用计划成本进行材料日常核算而购入材料的采购成本。

该账户的借方登记企业采用计划成本进行核算时，采购材料的实际成本以及材料入库时结转的节约差异，贷方登记入库材料的计划成本以及材料入库时结转的超支差异。期末余额在借方，反映企业在途材料的采购成本。

"材料采购"账户可按供应单位和材料品种进行明细核算。

3."材料成本差异"账户

"材料成本差异"账户属于资产类账户，用以核算企业采用计划成本进行日常核算的材料计划成本与实际成本的差额。

该账户的借方登记入库材料形成的超支差异以及转出的发出材料应负担的节约差异，贷方登记入库材料形成的节约差异以及转出的发出材料应负担的超支差异。期末余额在借方，反映企业库存材料等的实际成本大于计划成本的差异；期末余额在贷方，反映企业库存材料等的实际成本小于计划成本的差异。

"材料成本差异"账户可以按照"原材料""周转材料"等类别或品种进行明细核算。

4."在途物资"账户

"在途物资"账户属于资产类账户，用以核算企业采用实际成本（或进价）进行材料、商品等物资的日常核算、货款已付尚未验收入库的在途物资的采购成本。

该账户的借方登记购入材料、商品等物资的买价和采购费用（采购实际成本），贷方登记已验收入库材料、商品等物资应结转的实际采购成本。期末余额在借方，反映企业期末在途材料、商品等物资的采购成本。

"在途物资"账户可按供应单位和物资品种进行明细核算。

5."应付账款"账户

"应付账款"账户属于负债类账户，用以核算企业因购买材料、商品和接受劳务等经营活动应支付的款项。

该账户的借方登记已偿还的应付账款，贷方登记企业因购入材料、商品和接受劳务等尚未支付的款项。期末余额一般在贷方,反映企业期末尚未支付的应付账款余额;如果在借方,反映企业期末预付账款余额。

"应付账款"账户可按债权人进行明细核算。

6."应付票据"账户

"应付票据"账户属于负债类账户,用以核算企业购买材料、商品和接受劳务等开出、承兑的商业汇票,包括银行承兑汇票和商业承兑汇票。

该账户的借方登记企业已经支付或者到期无力支付的商业汇票,贷方登记企业开出、承兑的商业汇票。期末余额在贷方,反映企业尚未到期的商业汇票的票面金额。

"应付票据"账户可按债权人进行明细核算。

7."预付账款"账户

"预付账款"账户属于资产类账户,用以核算企业按照合同规定预付的款项。预付款项情况不多的,也可以不设置该账户,将预付的款项直接记入"应付账款"账户。

该账户的借方登记企业因购货等业务预付的款项,贷方登记企业收到货物后应支付的款项等。期末余额在借方,反映企业预付的款项;期末余额在贷方,反映企业尚需补付的款项。

"预付账款"账户可按供货单位进行明细核算。

8."应交税费"账户

"应交税费"账户属于负债类账户,用以核算企业按照税法等规定计算应交纳的各种税费,包括增值税、消费税、所得税、资源税、土地增值税、城市维护建设税、房产税、土地使用税、车船使用税、教育费附加、矿产资源补偿费等。另外,企业代扣代交的个人所得税等,也通过本账户核算。

该账户的借方登记实际交纳的各种税费,贷方登记各种应交未交税费的增加额。期末余额在贷方,反映企业尚未交纳的税费;期末余额在借方,反映企业多交或尚未抵扣的税费。

"应交税费"账户可按应交的税费项目进行明细核算。

三、账务处理

材料的日常收发结存可以采用实际成本核算,也可以采用计划成本核算。

(一)实际成本法核算的账务处理

实际成本法下,一般通过"原材料"和"在途物资"等科目进行核算。企业外购材料时,按材料是否验收入库分为以下两种情况:

1. 材料已验收入库

如果货款已经支付，发票账单已到，材料已验收入库，按支付的实际金额，借记"原材料""应交税费——应交增值税（进项税额）"等科目，贷记"银行存款""预付账款"等科目。进项税额是指纳税人购进货物或应税劳务所支付或者承担的增值税税额。

如果货款尚未支付，材料已经验收入库，按相关发票凭证上应付的金额，借记"原材料""应交税费——应交增值税（进项税额）"等科目，贷记"应付账款""应付票据"等科目。

如果货款尚未支付，材料已经验收入库，但月末仍未收到相关发票凭证，则按照暂估价入账，即借记"原材料"科目，贷记"应付账款"等科目。下月初做相反分录予以冲回，收到相关发票账单后再编制会计分录。

2. 材料尚未验收入库

如果货款已经支付，发票账单已到，但材料尚未验收入库，则按支付的金额，借记"在途物资""应交税费——应交增值税（进项税额）"等科目，贷记"银行存款"等科目，待验收入库时再作后续分录。

对于可以抵扣的增值税进项税额，一般纳税人企业应根据收到的增值税专用发票上注明的增值税税额，借记"应交税费——应交增值税（进项税额）"科目。

（二）计划成本法核算的账务处理

计划成本法下，一般通过"材料采购""原材料""材料成本差异"等科目进行核算。企业外购材料时，按材料是否验收入库分为以下两种情况。

1. 材料已验收入库

如果货款已经支付，发票账单已到，材料已验收入库，则按支付的实际金额，借记"材料采购"科目，贷记"银行存款"科目；按计划成本金额，借记"原材料"科目，贷记"材料采购"科目；按计划成本与实际成本之间的差额，借记（或贷记）"材料采购"科目，贷记（或借记）"材料成本差异"科目。

如果货款尚未支付，材料已经验收入库，则按相关发票凭证上应付的金额，借记"材料采购"科目，贷记"应付账款""应付票据"等科目；按计划成本金额，借记"原材料"科目，贷记"材料采购"科目；按计划成本与实际成本之间的差额，借记（或贷记）"材料采购"科目，贷记（或借记）"材料成本差异"科目。

如果材料已经验收入库，货款尚未支付，月末仍未收到相关发票凭证，则按照计划成本暂估入账，即借记"原材料"科目，贷记"应付账款"等科目。下月初做相反分录予以冲回，收到账单后再编制会计分录。

2. 材料尚未验收入库

如果相关发票凭证已到，但材料尚未验收入库，则按支付或应付的实际金额，借记"材料采购"科目，贷记"银行存款""应付账款"等科目；待验收入库时再做后续分录。对于可以抵扣的增值税进项税额，一般纳税人企业应根据收到的增值税专用发票上注明的增值税额，借记"应交税费——应交增值税（进项税额）"科目。

3. 小规模纳税人购进业务

一般纳税人使用增值税专用发票，实行税款抵扣制度，使用基本税率为17%，低税率为13%。一般纳税人从销项税额中抵扣进项税额后向税务部门交纳增值税。而小规模纳税人的增值税不能抵扣，故在进行材料采购的业务核算时，税率为3%的增值税应计入材料采购成本，且小规模纳税人的"应交税费"只设到应交增值税二级明细科目。

第五节 生产业务的账务处理

企业产品的生产过程同时也是生产资料的耗费过程。企业在生产过程中发生的各项生产费用，是企业为获得收入而预先垫支并需要得到补偿的资金耗费。这些费用最终都要归集、分配给特定的产品，形成产品的成本。

产品成本的核算是指把一定时期内企业生产过程中所发生的费用，按其性质和发生地点，分类归集、汇总、核算，计算出该时期内生产费用发生总额，并按适当方法分别计算出各种产品的实际成本和单位成本等。

一、生产费用的构成

生产费用是指与企业日常生产经营活动有关的费用，按其经济用途可分为直接材料、直接人工和制造费用。

1. 直接材料是指构成产品实体的原材料以及有助于产品形成的主要材料和辅助材料。
2. 直接人工是指直接从事产品生产的工人的职工薪酬。
3. 制造费用是指企业为生产产品和提供劳务而发生的各项间接费用。

二、账户设置

企业通常设置以下账户对生产费用业务进行会计核算。

1."生产成本"账户品等、自制材料、自制工具、自制设备等发生的各项生产成本。该账户的借方登记应记入产品生产成本的各项费用,包括直接记入产品生产成本的直接材料费、直接人工费和其他直接支出,以及期末按照一定的方法分配记入产品生产成本的制造费用;贷方登记完工入库产成品应结转的生产成本。期末余额在借方,反映企业期末尚未加工完成的在产品成本。

"生产成本"账户属于成本类账户,用以核算企业生产各种产品(产成品、自制半成品等)、自制材料、自制工具、自制设备等发生的各项生产成本。

该账户的借方登记应记入产品生产成本的各项费用,包括直接记入产品生产成本的直接材料费、直接人工费和其他直接支出,以及期末按照一定的方法分配记入产品生产成本的制造费用,贷方登记完工入库产成品应结转的生产成本。期末余额在借方,反映企业期末尚未加工完成的在产品成本。

"生产成本"账户可按基本生产成本和辅助生产成本进行明细分类核算。基本生产成本应当分别按照基本生产车间和成本核算对象(如产品的品种、类别、批别、生产阶段等)设置明细账(或成本计算单),并按照规定的成本项目设置专栏。

2."制造费用"账户

"制造费用"账户属于成本类账户,用以核算企业生产车间(部门)为生产产品和提供劳务而发生的各项间接费用。

该账户的借方登记实际发生的各项制造费用,贷方登记期末按照一定标准分配转入"生产成本"账户借方的应记入产品成本的制造费用。期末结转后,该账户一般无余额。

"制造费用"账户可按不同的生产车间、部门和费用项目进行明细核算。

3."库存商品"账户

"库存商品"账户属于资产类账户,用以核算企业库存的各种商品的实际成本(或进价)或计划成本(或售价),包括库存产成品、外购商品、存放在门市部准备出售的商品、发出展览的商品以及寄存在外的商品等。

该账户的借方登记验收入库的库存商品成本,贷方登记发出的库存商品成本。期末余额在借方,反映企业期末库存商品的实际成本(或进价)或计划成本(或售价)。

"库存商品"账户可按库存商品的种类、品种和规格等进行明细核算。

4."应付职工薪酬"账户

"应付职工薪酬"账户属于负债类账户,用以核算企业根据有关规定应付给职工的各种薪酬。

该账户的借方登记本月实际支付的职工薪酬数额;贷方登记本月计算的应付职工薪

酬总额，包括各种工资、奖金、津贴和福利费等。期末余额在贷方，反映企业应付未付的职工薪酬。

"应付职工薪酬"账户可按"工资""职工福利""社会保险费""住房公积金""工会经费""职工教育经费""非货币性福利""辞退福利""股份支付"等进行明细核算。

三、账务处理

1. 材料费用的归集与分配

在确定材料费用时，应根据领料凭证区分车间、部门和不同用途后，按照确定的结果将发出材料的成本借记"生产成本""制造费用""管理费用"等科目，贷记"原材料"等科目。

对于直接用于某种产品生产的材料费用，应直接记入该产品生产成本明细账中的直接材料费用项目；对于由多种产品共同耗用、应由这些产品共同负担的材料费用，应选择适当的标准在这些产品之间进行分配，按分担的金额记入相应的成本计算对象（生产产品的品种、类别等）；对于为提供生产条件等间接消耗的各种材料费用，应先通过"制造费用"科目进行归集，期末再同其他间接费用一起按照一定的标准分配记入有关产品成本；对于行政管理部门领用的材料费用，应记入"管理费用"科目。

2. 职工薪酬的归集与分配

职工薪酬是指企业为获得职工提供的服务而给予各种形式的报酬或补偿，具体包括：

（1）职工工资、奖金、津贴和补偿；

（2）职工福利费；

（3）医疗保险费、养老保险费、失业保险费、工伤保险费和生育保险费等社会保险费；

（4）住房公积金；

（5）工会经费和职工教育经费；

（6）非货币性福利；

（7）因解除与职工的劳动关系给予的补偿；

（8）其他与获得职工提供的服务相关的支出。

对于职工薪酬，企业应当在职工为其提供服务的会计期间，按实际发生额确认为负债，并记入当期损益或相关资产成本。企业应当根据职工提供服务的受益对象，分别按下列情况处理。

1）应由生产产品、提供劳务负担的职工薪酬，记入产品成本或劳务成本。其中，生产工人的职工薪酬应借记"生产成本"科目，贷记"应付职工薪酬"科目；生产车间管理人员的职工薪酬属于间接费用，应借记"制造费用"科目，贷记"应付职工薪酬"科目。

当企业采用计件工资制时，生产工人的职工薪酬属于直接费用，应直接记入有关产品的成本。当企业采用计时工资制时，对于只生产一种产品的生产工人的职工薪酬也属于直接费用，应直接记入产品成本；对于同时生产多种产品的生产工人的职工薪酬，则需采用一定的分配标准（实际生产工时或定额生产工时等）分配记入产品成本。

2）应由在建工程、无形资产负担的职工薪酬，记入建造固定资产或无形资产成本。

3）除上述两种情况之外的其他职工薪酬应记入当期损益。例如，企业行政管理部门人员和专设销售机构销售人员的职工薪酬均属于期间费用，应分别借记"管理费用""销售费用"等科目，贷记"应付职工薪酬"科目。

3. 制造费用的归集与分配

企业发生的制造费用，应当按照合理的分配标准按月分配记入各成本核算对象的生产成本。企业可以采取的分配标准包括机器工时、人工工时、计划分配率等。

企业发生制造费用时，借记"制造费用"科目，贷记"累计折旧""银行存款""应付职工薪酬"等科目；结转或分摊时，借记"生产成本"等科目，贷记"制造费用"科目。

4. 完工产品生产成本的计算与结转

产品生产成本计算是指将企业生产过程中为制造产品所发生的各种费用按照成本计算对象进行归集和分配，以便计算各种产品的总成本和单位成本。有关产品成本信息是进行库存商品计价和确定销售成本的依据，产品生产成本计算是会计核算的一项重要内容。

企业应设置产品生产成本明细账，用来归集应记入各种产品的生产费用。通过对材料费用、职工薪酬和制造费用的归集和分配，企业各月生产产品所发生的生产费用已记入"生产成本"科目中。

如果月末某种产品全部完工，该种产品生产成本明细账所归集的费用总额，就是该种完工产品的总成本，用完工产品总成本除以该种产品的完工总产量即可计算出该种产品的单位成本；如果月末某种产品全部未完工，该种产品生产成本明细账所归集的费用总额就是该种产品在产品的总成本。

如果月末某种产品一部分完工，一部分未完工，这时归集在产品成本明细账中的费用总额还要采取适当的分配方法在完工产品和在产品之间进行分配，然后才能计算出完工产品的总成本和单位成本。完工产品成本的基本计算公式为：

完工产品生产成本 = 期初在产品成本 + 本期发生的生产费用 - 期末在产品成本

当产品生产完成并验收入库时，借记"库存商品"科目，贷记"生产成本"科目。

第六节 销售业务的账务处理

销售业务的账务处理涉及商品销售、其他销售等业务收入、成本、费用和相关税费的确认与计量等内容。

一、商品销售收入的确认与计量

1. 商品销售收入的确认

企业销售商品收入的确认，必须同时符合以下条件。

（1）企业已将商品所有权上的主要风险和报酬转移给购货方，即与商品所有权有关的主要风险和报酬同时转移给了购货方。其中，与商品所有权有关的风险，是指商品可能发生减值或毁损等形成的损失；与商品所有权有关的报酬，是指商品价值增值或通过使用商品等形成的经济利益。

（2）企业既没有保留通常与商品所有权相联系的继续管理权，也没有对已售出的商品实施控制。

（3）收入的金额能够可靠地计量。

（4）相关的经济利益很可能流入企业。

（5）相关的已发生或将发生的成本能够可靠地计量。

2. 商品销售收入的计量

销售商品收入的金额应根据企业与购货方签订的合同或协议金额确定。但不包括向第三方代收的款项。在确认销售商品收入的金额时，应注意下列因素。

（1）现金折扣。现金折扣是一种理财费用，是企业为了尽快回收资金对顾客提前付款的行为给予一定的优惠。现金折扣一般用"折扣率/付款期限"来表示。例如"2/10，1/20，n/30"表示10天内付款按售价给予2%的折扣；在11~20天内付款给予售价1%的折扣；21~30天内付款则不给折扣。现金折扣发生时，作为理财费用入财务费用，不冲减销售收入。

（2）销售折让。销售折让是指销货企业因售出商品的质量不合格等原因在售价上给予的减让。销售折让虽然也是在货物销售之后发生的，但产生的折让是商品存在问题导致的相应价值流失，其实质是原销售额的减少。所以，应在发生销售折让时，用红字冲销应收账款、销售收入和应交税费。

（3）商业折扣。商业折扣是指销货企业为了鼓励客户多购商品而在商品标价上给予的扣除。由于商业折扣发生在销售业务发生时，所以企业应当按扣除商业折扣后的净额确认应收账款。

二、账户设置

企业通常设置以下账户对销售业务进行会计核算。

1."主营业务收入"账户

"主营业务收入"账户属于损益类账户，用以核算企业确认的销售商品、提供劳务等主营业务的收入。

该账户的借方登记期末转入"本年利润"账户的主营业务收入（按净额结转），以及发生销售退回和销售折让时应冲减本期的主营业务收入；贷方登记企业实现的主营业务收入，即主营业务收入的增加额。期末结转后，该账户无余额。

"主营业务收入"账户应按照主营业务的种类设置明细账户，进行明细分类核算。

2."其他业务收入"账户

"其他业务收入"账户属于损益类账户，用以核算企业确认的除主营业务活动以外的其他经营活动实现的收入，包括出租固定资产、出租无形资产、出租包装物和商品、销售材料等。

该账户的借方登记期末转入"本年利润"账户的其他业务收入；贷方登记企业实现的其他业务收入，即其他业务收入的增加额。期末结转后，该账户无余额。

"其他业务收入"账户可按其他业务的种类设置明细账户，进行明细分类核算。

3."应收账款"账户

"应收账款"账户属于资产类账户，用以核算企业因销售商品、提供劳务等经营活动应收取的款项。

该账户的借方登记由于销售商品以及提供劳务等发生的应收账款，包括应收取的价款、税款和代垫款等；贷方登记已经收回的应收账款。期末余额通常在借方，反映企业尚未收回的应收账款；期末余额如果在贷方，反映企业预收的账款。

"应收账款"账户应按不同的债务人进行明细分类核算。

4."应收票据"账户

"应收票据"账户属于资产类账户，用以核算企业因销售商品、提供劳务等而收到的商业汇票。

该账户的借方登记企业收到的应收票据，贷方登记票据到期收回的应收票据。期末余额在借方，反映企业持有的商业汇票的票面金额。

"应收票据"账户可按开出、承兑商业汇票的单位进行明细核算。

5. "预收账款"账户

"预收账款"账户属于负债类账户，用以核算企业按照合同规定预收的款项。预收账款情况不多的，也可以不设置本账户，将预收的款项直接记入"应收账款"账户。

该账户的借方登记销售实现时按实现的收入转销的预收款项等，贷方登记企业向购货单位预收的款项等。期末余额在贷方，反映企业预收的款项；期末余额在借方，反映企业已转销但尚未收取的款项。

"预收款项"账户可按购货单位进行明细核算。

6. "主营业务成本"账户

"主营业务成本"账户属于损益类账户，用以核算企业确认销售商品、提供劳务等主营业务收入时应结转的成本。

该账户的借方登记主营业务发生的实际成本，贷方登记期末转入"本年利润"账户的主营业务成本。期末结转后，该账户无余额。

"主营业务成本"账户可按主营业务的种类设置明细账户，进行明细分类核算。

7. "其他业务成本"账户

"其他业务成本"账户属于损益类账户，用以核算企业确认的除主营业务活动以外的其他经营活动所发生的支出，包括销售材料的成本、出租固定资产的折旧额、出租无形资产的摊销额、出租包装物的成本或摊销额等。

该账户的借方登记其他业务的支出额，贷方登记期末转入"本年利润"账户的其他业务支出额。期末结转后，该账户无余额。

"其他业务成本"账户可按其他业务的种类设置明细账户，进行明细分类核算。

8. "营业税金及附加"账户

"营业税金及附加"账户属于损益类账户，用以核算企业经营活动发生的消费税、城市维护建设税、资源税和教育费附加等相关税费。需注意的是，房产税、车船使用税、土地使用税、印花税通过"管理费用"账户核算，但与投资性房地产相关的房产税、土地使用税通过该账户核算。

该账户的借方登记企业应按规定计算确定的与经营活动相关的税费，贷方登记期末转入"本年利润"账户的与经营活动相关的税费。期末结转后，该账户无余额。

三、账务处理

1. 主营业务收入的账务处理

企业销售商品或提供劳务实现的收入,应按实际收到、应收或者预收的金额,借记"银行存款""应收账款""应收票据""预收账款"等科目;按确认的营业收入,贷记"主营业务收入"科目。

对于增值税销项税额,一般纳税人应贷记"应交税费——应交增值税(销项税额)"科目;小规模纳税人应贷记"应交税费——应交增值税"科目。

2. 主营业务成本的账务处理

期(月)末,企业应根据本期(月)销售各种商品、提供各种劳务等实际成本,计算应结转的主营业务成本,借记"主营业务成本"科目,贷记"库存商品""劳务成本"等科目。

采用计划成本或售价核算库存商品的,平时的营业成本按计划成本或售价结转,月末,还应结转本月销售商品应分摊的产品成本差异或商品进销差价。

3. 其他业务收入与成本的账务处理

主营业务和其他业务的划分并不是绝对的,一个企业的主营业务可能是另一个企业的其他业务,即便在同一个企业,不同时间的主营业务和其他业务的内容也不是固定不变的。当企业发生其他业务收入时,借记"银行存款""应收账款""应收票据"等科目,按确定的收入金额,贷记"其他业务收入"科目,同时确认有关税金;在结转其他业务收入的同一会计期间,企业应根据本期应结转的其他业务成本金额,借记"其他业务成本"科目,贷记"原材料""累计折旧""应付职工薪酬"等科目。

4. 营业税金及附加的账务处理

当企业计算应交的营业税金及附加时,借记"营业税金及附加"科目,贷记"应交税费"科目;实际交纳营业税金及附加时,借记"应交税费"科目,贷记"银行存款"科目。

第七节　期间费用的账务处理

一、期间费用的构成

期间费用是指企业日常活动中不能直接归属于某个特定成本核算对象的，在发生时应直接记入当期损益的各种费用。期间费用包括管理费用、销售费用和财务费用。

1. 管理费用是指企业为组织和管理企业生产经营活动所发生的各种费用。
2. 销售费用是指企业销售商品和材料、提供劳务的过程中发生的各种费用。
3. 财务费用是指企业为筹集生产经营所需资金等而发生的筹资费用。

二、账户设置

企业通常设置以下账户对期间费用业务进行会计核算。

1."管理费用"账户

"管理费用"账户属于损益类账户，用以核算企业为组织和管理企业生产经营所产生的各种费用。

该账户的借方登记发生的各项管理费用，贷方登记期末转入"本年利润"账户的管理费用。期末结转后，该账户无余额。

"管理费用"账户可按费用项目进行明细分类核算。

2."销售费用"账户

"销售费用"账户属于损益类账户，用以核算企业产生的各项销售费用。

该账户的借方登记发生的各项销售费用，贷方登记期末转入"本年利润"账户的销售费用额。期末结转后，该账户无余额。

"销售费用"账户可按费用项目进行明细分类核算。

三、账务处理

1. 管理费用的账务处理

企业在筹建期间内产生的开办费，包括人员工资、办公费、培训费、差旅费、印刷费、注册登记费以及不记入固定资产成本的借款费用等在实际发生时，借记"管理费用"科目，贷记"应付利息""银行存款"等科目。

行政管理部门人员的职工薪酬,借记"管理费用"科目,贷记"应付职工薪酬"科目。

2.销售费用的账务处理

企业在销售商品过程中发生的包装费、保险费、展览费和广告费、运输费、装卸费等费用,借记"销售费用"科目,贷记"库存现金""银行存款"等科目。

企业产生的为销售本企业商品而专设的销售机构的职工薪酬、业务费等费用,借记"销售费用"科目,贷记"应付职工薪酬""银行存款""累计折旧"等科目。

3.财务费用的账务处理

企业发生的财务费用,借记"财务费用"科目,贷记"银行存款""应付利息"等科目;发生的应冲减财务费用的利息收入、汇兑损益、现金折扣,借记"银行存款""应付账款"等科目,贷记"财务费用"科目。

第八节 利润形成与分配业务的账务处理

一、利润形成的账务处理

(一)利润的形成

利润是指企业在一定会计期间的经营成果,包括收入减去费用后的净额、直接记入当期损益的利得和损失等。利润由营业利润、利润总额和净利润三个层次构成。

1.营业利润

营业利润这一指标能够比较恰当地反映企业管理者的经营业绩。其计算公式如下:

营业利润 = 营业收入－营业成本－营业税金及附加－销售费用－管理费用－财务费用－资产减值损失±公允价值变动损益±投资损益

其中:

营业收入 = 主营业务收入＋其他业务收入

营业成本 = 主营业务成本＋其他业务成本

2.利润总额

利润总额,又称税前利润,是营业利润加上营业外收入减去营业外支出后的金额。其计算公式如下:

利润总额 = 营业利润＋营业外收入－营业外支出

3. 净利润

净利润，又称税后利润，是利润总额扣除所得税费用后的净额。其计算公式如下：

净利润 = 利润总额 – 所得税费用

（二）账户设置

企业通常设置以下账户对利润形成业务进行会计核算。

1. "本年利润"账户

"本年利润"账户属于所有者权益类账户，用以核算企业当期实现的净利润（或发生的净亏损）。企业期（月）末结转利润时，应将各损益类账户的金额转入本账户，结平各损益类账户。

该账户的贷方登记企业期（月）末转入的主营业务收入、其他业务收入、营业外收入和投资收益等；借方登记企业期（月）末转入的主营业务成本、营业税金及附加、其他业务成本、管理费用、财务费用、销售费用、营业外支出、投资损失和所得税费用等。上述结转完成后，余额如在贷方，即为当期实现的净利润；余额如在借方，即为当期发生的净亏损。年度终了，应将本年收入和支出相抵后结出的本年实现的净利润（或发生的净亏损），转入"利润分配——未分配利润"账户贷方（或借方），结转后本账户无余额。

2. "投资收益"账户

"投资收益"账户属于损益类账户，用以核算企业确认的投资收益或投资损失。该账户的借方登记发生的投资损失和期末转入"本年利润"账户的投资净收益；贷方登记实现的投资收益和期末转入"本年利润"账户的投资净损失。期末结转后，该账户无余额。

"投资收益"账户可按投资项目设置明细账户，进行明细分类核算。

3. "营业外收入"账户

"营业外收入"账户属于损益类账户，用以核算企业发生的各项营业外收入，主要包括非流动资产处置利得、非货币性资产交换利得、债务重组利得、政府补助、盘盈利得、捐赠利得等。

该账户的贷方登记营业外收入的实现，即营业外收入的增加额；借方登记会计期末转入"本年利润"账户的营业外收入额。期末结转后，该账户无余额。

"营业外收入"账户可按营业外收入项目设置明细账户，进行明细分类核算。

4. "营业外支出"账户

"营业外支出"账户属于损益类账户，用以核算企业发生的各项营业外支出，包括非流动资产处置损失、非货币性资产交换损失、债务重组损失、公益性捐赠支出、非常损失、盘亏损失等。

该账户的借方登记营业外支出的发生，即营业外支出的增加额；贷方登记期末转入"本年利润"账户的营业外支出额。期末结转后，该账户无余额。

"营业外支出"账户可按支出项目设置明细账户，进行明细分类核算。

5."所得税费用"账户

"所得税费用"账户属于损益类账户，用以核算企业确认的应从当期利润总额中扣除的所得税费用。

该账户的借方登记企业应记入当期损益的所得税；贷方登记企业期末转入"本年利润"账户的所得税。期末结转后，该账户无余额。

（三）账务处理

会计期末（月末或年末）结转各项收入时，借记"主营业务收入""其他业务收入""营业外收入"等科目，贷记"本年利润"科目；结转各项支出时，借记"本年利润"科目，贷记"主营业务成本""营业税金及附加""其他业务成本""管理费用""财务费用""销售费用""资产减值损失""营业外支出""所得税费用"等科目。

二、利润分配的账务处理

利润分配是指企业根据国家有关规定和企业章程、投资者协议等，对企业当年可供分配利润指定其特定用途和分配给投资者的行为。利润分配的过程和结果不仅关系到每个股东的合法权益是否得到保障，而且关系到企业的未来发展。

（一）利润分配的顺序

企业向投资者分配利润，应按一定顺序进行。

1.计算可供分配的利润

企业在利润分配前，应根据本年净利润（或亏损）与年初未分配利润（或亏损）、其他转入的金额（如盈余公积弥补的亏损）等项目，计算可供分配的利润。如果可供分配的利润为负数（即累计亏损），则不能进行后续分配；如果可供分配利润为正数（即累计盈利），则可进行后续分配。

2.提取任意盈余公积

任意盈余公积是指根据公司章程及股东会的决议，从公司盈余中提取的公积金。

公司提取法定盈余公积后，经股东会或者股东大会决议，还可以从净利润中提取任意盈余公积。任意盈余公积的提取与否及提取比例由股东会根据公司发展的需要和盈余情况决定。

3.向投资者分配利润（或股利）

企业可供分配的利润扣除提取的盈余公积后，形成可供投资者分配的利润，即：

可供投资者分配的利润＝可供分配的利润－提取的盈余公积

企业可采用现金股利、股票股利和财产股利等形式向投资者分配利润（或股利）。

（二）账户设置

企业通常设置以下账户对利润分配业务进行会计核算

1."利润分配"账户

"利润分配"账户属于所有者权益类账户，用以核算企业利润的分配（或亏损的弥补）和历年分配（或弥补）后的余额。

该账户的借方登记实际分配的利润额，包括提取的盈余公积和分配给投资者的利润，以及年末从"本年利润"账户转入的全年发生的净亏损；贷方登记用盈余公积弥补的亏损额等其他转入数，以及年末从"本年利润"账户转入的全年实现的净利润。年末，应将"利润分配"账户下的其他明细账户的余额转入"未分配利润"明细账户，结转后，除"未分配利润"明细账户可能有余额外，其他各个明细账户均无余额。"未分配利润"明细账户的贷方余额为历年累积的未分配利润（即可供以后年度分配的利润），借方余额为历年累积的未弥补亏损（即留待以后年度弥补的亏损）。

"利润分配"账户应当设置"提取法定盈余公积""提取任意盈余公积""应付现金股利或利润""转作股本的股利""盈余公积补亏""未分配利润"等明细账户进行明细核算。

2."盈余公积"账户

"盈余公积"账户属于所有者权益类账户，用以核算企业从净利润中提取的盈余公积。该账户的贷方登记提取的盈余公积，即盈余公积的增加额，借方登记实际使用的盈余公积，即盈余公积的减少额。期末余额在贷方，反映企业结余的盈余公积。

"盈余公积"账户应当设置"法定盈余公积""任意盈余公积"明细账户进行明细核算。

3."应付股利"账户

"应付股利"账户属于负债类账户，用以核算企业分配的现金股利或利润。

该账户的贷方登记应付给投资者股利或利润的增加额；借方登记实际支付给投资者的股利或利润，即应付股利的减少额。期末余额在贷方，反映企业应付未付的现金股利或利润。

（三）账务处理

1.净利润转入利润分配

会计期末，企业应将当年实现的净利润转入"利润分配——未分配利润"账户，即借记"本年利润"科目，贷记"利润分配——未分配利润"科目，如为净亏损，则做相反会计分录。结转前，如果"利润分配——未分配利润"明细科目的余额在借方，上述结转当年所实现净利润的分录同时反映当年实现的净利润自动弥补以前年度亏损的情况。因此，在用当年实现的净利润弥补以前年度亏损时，不需另行编制会计分录。

2. 提取盈余公积

企业提取的法定盈余公积，借记"利润分配——提取法定盈余公积"科目，贷记"盈余公积——法定盈余公积"科目；提取的任意盈余公积，借记"利润分配——提取任意盈余公积"科目，贷记"盈余公积——任意盈余公积"科目。

3. 向投资者分配利润或股利

企业根据股东大会或类似机构审议批准的利润分配方案，按应支付的现金股利或利润，借记"利润分配——应付现金股利"科目，贷记"应付股利"等科目；以股票股利转作股本的金额，借记"利润分配——转作股本股利"科目，贷记"股本"等科目。董事会或类似机构通过的利润分配方案中拟分配的现金股利或利润，不做账务处理，但应在财务会计报告附注中披露。

4. 盈余公积补亏

企业发生的亏损，除用当年实现的净利润弥补外，还可使用累积的盈余公积弥补。以盈余公积弥补亏损时，借记"盈余公积"科目，贷记"利润分配——盈余公积补亏"科目。

借贷记账法有利于分析经济业务，加强经济管理；有利于防止和减少记账差错；可以灵活地设置账户并且有利于会计电算化的实施。

借贷记账法指的是以会计等式作为记账原理，以"借""贷"作为记账符号，来反映经济业务增减变化的一种复式记账方法。借贷记账法的记账规则为："有借必有贷，借贷必相等。"在运用借贷记账法记账时，对每项经济业务，既要记录账户的借方，也要记录另一个账户的贷方，即"有借必有贷"，且账户借方记录的金额必然等于账户贷方的金额，体现"借贷必相等"的原则。

第三章 企业主要经济业务的核算

工业企业会计追求以真实性、一致性、连续性为原则。在发生经济业务时，我们首先要进行核算，以原始凭证为依据登记入账，按照经济业务发生的先后顺序，在报表中进行登记来反映经济业务的真实性，要保证登记的账面价值与真实的数据相一致，登记的明细账要与总账相对应，在登记记账凭证时应保证凭证编号的连续性，按时间顺序进行登记。给企业带来更多的效益，获取最多的利润。

第一节 企业主要经济业务概述

企业这个组织的存在主要是通过对各种资源的组合和处理，向其他单位或个人（企业的顾客）提供所需要的产品或服务。企业能够将最原始的投入转变为顾客所需要的商品或服务，这个转变不仅需要自然资源、人力资源，而且还需要资本。作为一种重要的企业组织类型，现代企业制度下的产品制造企业，不仅要将原始的材料转换为可以销售给单位或个人消费者的商品，而且要在市场经济的竞争中不断谋求发展，使其拥有的资产保值增值。这就决定并要求企业的管理是复杂且完善的。对过去的交易事项的结果和计划中未来经营的可能效果进行分析评价，是管理职能的精粹所在。企业的会计作为一个为其内、外部利益相关者提供信息的职能部门，通过对企业经营过程进行核算，必定有助于这个过程的完善。

制造业企业是产品的生产单位，其完整的生产经营过程由供应过程、生产过程和销售过程所构成。企业为了进行生产经营活动，生产出的产品必须拥有一定数量的经营资金，而这些经营资金都是从一定的渠道取得的。经营资金在生产经营过程中被具体运用时表现为不同的占用形态，一般可以分为货币资金、固定资金、储备资金、生产资金、成品资金等形态，而且随着生产经营过程的不断进行，这些资金形态不断转化形成经营资金的循环与周转。

首先，企业要从各种渠道筹集生产经营所需要的资金，其筹资的渠道主要包括接受投资者的投资和向债权人借入各种款项。即接受投资或形成负债，资金筹集业务的完成意味着资金投入企业，因而，企业就可以运用筹集到的资金开展正常的经营业务，进入供、产、销过程。企业筹集到的资金最初一般表现为货币资金形态。也可以说货币资金形态是资金运动的起点。

企业筹集到的资金首先进入供应过程，供应过程是企业产品生产的准备过程。在此过程中，企业用货币资金购买机器设备等劳动工具形成固定资金，购买原材料等劳动对象形成储备资金，为生产产品做好物资上的准备，货币资金分别转化为固定资金形态和储备资金形态。由于劳动工具大多是固定资产，一旦购买完成将长期供企业使用，因而供应过程的主要核算内容是用货币资金（或形成结算债务）购买原材料的业务，包括支付材料价款和税款、发生采购费用、计算采购成本、材料验收入库结转成本等。完成供应过程的核算内容，为生产产品做好各项准备，企业就可以进入生产过程。

生产过程是制造业企业经营过程的中心环节。在生产过程中，劳动者借助劳动工具对劳动对象进行加工，生产出各种各样适销对路的产品，以满足社会的需要。生产过程既是产品的制造过程，又是物化劳动和劳动的耗费过程即费用、成本的发生过程。从消耗或加工对象的实物形态及其变化过程看，原材料等劳动对象通过加工形成在产品。随着生产过程的不断进行，在产品终究要转化为产成品；从价值形态来看生产过程中发生的各种耗费形成企业的生产费用。具体而言，为生产产品耗费材料就形成材料费用、耗费劳动就形成工资及福利等人工费用，使用厂房、机器设备等劳动资料就形成折旧费用等。生产过程中发生的这些生产费用总和构成产品的生产成本（亦称制造成本）。其资金形态从固定资金、储备资金和一部分货币资金形态转化为生产资金形态，随着生产过程的不断进行，产成品生产出来并验收入库之后，其资金形态已转化为成品资金形态、生产费用的发生归集和分配，以及完工产品生产成本的计算等构成了生产过程核算的基本内容。

销售过程是产品价值的实现过程。在销售过程中，企业通过销售产品，并按照销售价格与购买单位办理各种款项的结算收回货款，从而使得成品资金形态转化为货币资金形态，回到资金运动的起点状态完成了一次资金的循环。另外，销售过程中还要发生各种诸如包装费、广告费等销售费用，需要计算并及时缴纳各种销售税金，结转销售成本这些都属于销售过程的核算内容。

对于企业而言，生产并销售产品是其主要的经营业务即主营业务。在主营业务之外，企业还要发生一些诸如销售材料、出租固定资产等附营业务，以及进行对外投资以获得收益的投资业务。主营业务、其他业务以及投资业务构成了企业的全部经营业务。在营业活动之外，企业还会经常发生非营业业务从而获得营业外的收入或发生营业外的支出。

企业在生产经营过程中所获得的各项收入遵循配比的要求抵偿了各项成本、费用之后的差额形成企业的所得，即利润。企业实现的利润，一部分要以所得税的形式上缴国家，形成国家的财政收入；另一部分即税后利润，要按照规定的程序在各有关方面进行合理的分配，如果是发生了亏损，还要按照规定的程序进行弥补。通过利润分配，一部分资金要退出企业；另一部分资金要以公积金等形式继续参加企业的资金周转。

综合上述内容可以看出，企业在经营过程中发生的主要经济业务内容包括：

1. 资金筹集业务；
2. 供应过程业务；
3. 生产过程业务；
4. 销售过程业务；
5. 财务成果形成与分配业务。

第二节 资金筹集业务的核算

一个企业的生存和发展，离不开资产要素。资产是企业进行生产经营活动的物质基础。对于任何一个企业而言，形成其资产的资金来源主要有两条渠道：一是投资者的投资及其增值形成投资者的权益，该部分业务可以称为所有者权益资金筹集业务；二是向债权人借入的资金形成债权人的权益，该部分业务可以称为负债资金筹集业务。投资者将资金投入企业，进而对企业资产所形成的要求权为企业的所有者权益，债权人将资金借给企业进而对企业资产所形成的要求权为企业的负债。所谓所有者权益是指企业资产扣除负债后由所有者享有的剩余权益，公司的所有者权益又称为股东权益。在会计上，我们虽然将债权人的要求权和投资者的要求权统称为权益，但由于二者存在着本质上的区别，所以这两种权益的会计处理也必然有着显著的差异。

一、所有者权益资金筹集业务的核算

企业从投资者处筹集到的资金形成企业所有者权益的重要组成部分，企业的所有者权益包括所有者投入的资本，直接计入所有者权益的利得和损失，留存收益等。所有者投入的资本包括实收资本和资本公积；直接计入所有者权益的利得和损失是指不应计入当期损益的、会导致所有者权益发生增减变动的、与所有者投入资本或者与向所有者分配利润无关的利得或者损失；留存收益是企业在经营过程中所实现的利润留存于企业的部分。包括盈余公积和未分配利润。

（一）实收资本业务的核算

1. 实收资本的含义

实收资本，是指企业的投资者按照企业章程或合同协议的约定，实际投入企业的资本金以及按照有关规定，由资本公积、盈余公积转为资本的资金。实收资本代表着一个企业的实力，是创办企业的"本钱"，也是一个企业维持正常的经营活动、以本求利、以本负亏最基本的条件和保障，是企业独立承担民事责任的资金保证。它反映了企业的不同所有者通过投资而投入企业的外部资金来源，这部分资金是企业进行经营活动的原动力，正是有了这部分资金的投入，才有了企业的存在和发展。

2. 实收资本的分类

所有者向企业投入资本，即形成企业的资本金。企业的资本金按照投资主体的不同可以分为：国家资本金企业接受国家投资而形成的资本金；法人资本金——企业接受其他企业或单位的投资而形成的资本金；个人资本金——企业接受个人包括企业内部职工的投资而形成的资本金；外商资本金——企业接受外国及中国香港、澳门、台湾地区企业的投资而形成的资本金。企业的资本金按照投资者投入资本的不同物质形态又分为货币资金出资以及实物、知识产权、土地使用权等可以用货币估价并可以依法转让的非货币财产作价出资等。我国目前实行的是注册资本制度，要求企业的实收资本应与注册资本相一致。

3. 实收资本入账价值的确定

企业收到各方投资者投入资本金的入账价值的确定是实收资本核算中的一个比较重要的问题。总体来说，投入资本是按照实际收到的投资额入账的，对于收到的货币资金投资，应以实际收到的货币资金额入账；对于收到的实物等其他形式投资，应以投资各方确认的价值入账；对于实际收到的货币资金额或投资各方确认的资产价值超过其在注册资本中所占的份额的部分，应作为超面额缴入资本，计入资本公积。

为了反映实收资本的形成及其以后的变化情况，在会计核算上应设置"实收资本"账户。"实收资本"账户的性质是所有者权益类，用来核算所有者投入企业的资本金变化过程及其结果，其贷方登记所有者投入企业资本金的增加，其借方登记所有者投入企业资本金的减少。期末余额在贷方，表示所有者投入企业资本金的结余额。企业应按照投资者的不同设置明细账户，进行明细分类核算。

（二）资本公积业务的核算

1. 资本公积的含义

资本公积是投资者或者他人投入到企业所有权归属投资者并且金额上超过法定资本

部分的资本，是企业所有者权益的重要组成部分。由此可见，资本公积从本质上讲属于投入资本的范畴其形成的主要原因是由于我国采用注册资本制度，限于法律的规定而无法将资本公积直接以实收资本（或股本）的名义入账。所以，资本公积从其实质上看是一种准资本，是资本的一种储备形式。

2. 资本公积的来源

由于资本公积是所有者权益的重要组成部分，而且它通常会直接导致企业净资产的增加。因此，资本公积信息对于投资者、债权人等会计信息使用者做出正确的决策十分重要。企业的资本公积的主要来源是所有者投入资本中超过法定资本份额的部分。

3. 资本公积的用途

公司在经营过程中出于种种考虑，诸如增加资本的流动性改变公司所有者投入资本的结构，体现公司稳健，持续发展的潜力等，对于形成的资本公积可以按照规定的用途予以使用。资本公积的主要用途就在于转增资本，即在办理增资手续后用资本公积转增实收资本，按所有者原有投资比例增加投资者的实收资本。

4. 资本公积的核算

公司的资本公积一般都有其特定的来源。为了核算和监督资本公积的增减变动及其结余情况，会计上应设置"资本公积"账户，并设置"资本（或股本）溢价"明细账户。"资本公积"属于所有者权益类账户，其贷方登记从不同渠道取得的资本公积，即资本公积的增加数，借方登记用资本公积转增资本等资本公积的减少数，期末余额在贷方。表示资本公积的期末结余数。

二、负债资金筹集业务的核算

企业从债权人那里筹集到的资金形成企业的负债，表示企业的债权人对企业资产的要求权，即债权人权益。当企业为取得生产经营所需的资金、商品或劳务等向银行借款或向其他单位赊购材料商品时就形成了企业同其他经济实体之间的债务关系。所谓负债是指企业过去的交易或者事项形成的预期会导致经济利益流出企业的现实义务。负债按其偿还期限的长短可以分为流动负债和非流动负债。一项负债必须要有确切的债权人到期日和确切的金额，到期必须还本付息是负债不同于所有者权益的一个明显特征。根据负债的定义及其扩展内容我们可以看出负债的形成和偿还与某些资产所有者权益、收入费用或利润等要素都有着密切的关系，因而正确地确认与计量负债是会计核算过程中非常重要的一部分内容。我们这里仅以流动负债中的短期借款和非流动负债中的长期借款为例介绍负债资金筹集业务的核算内容。

（一）短期借款业务的核算

1. 短期借款的含义

短期借款是指企业为了满足其生产经营活动对资金的临时需要而向银行或其他金融机构等借入的偿还期限在1年以内（含1年）的各种借款。一般情况下企业取得短期借款是为了维持正常的生产经营活动或者是为了抵偿某项债务。企业取得各种短期借款时，应遵守银行或其他金融机构的有关规定。根据企业的借款计划及确定的担保形式，经贷款单位审核批准并订立借款合同后方可取得借款。每笔借款在取得时可根据借款合同上的金额来确认和计量。

2. 短期借款利息的确认与计量

短期借款必须按期归还本金并按时支付利息。短期借款的利息支出属于企业在理财活动过程中为筹集资金而发生的一项耗费，在会计核算中，企业应将其作为期间费用（财务费用）加以确认。由于短期借款利息的支付方式和支付时间不同，会计处理的方法也有一定的区别。如果银行对企业的短期借款按月计收利息，或者虽在借款到期收回本金时并收回利息但利息数额不大，企业可以在收到银行的计息通知或在实际支付利息时，直接将发生的利息费用计入当期损益（财务费用）；如果银行对企业的短期借款采取按季或半年等较长期间计收利息，或者是在借款到期收回本金时一并计收利息且利息数额较大，为了正确地计算各期损益额，保持各个期间损益金额的均衡性，企业通常按权责发生制核算基础的要求采取预提的方法按月预提借款利息，计入预提期间损益（财务费用），待季度或半年等结息期终了或到期支付利息时再冲销应付利息这项负债。

短期借款利息的计算公式为：

短期借款利息 = 借款本金 × 利率 × 期限

由于按照权责发生制核算基础的要求，应于每月末确认当月的利息费用，因而这里的"期限"是一个月而利率往往都是年利率，应将其转化为月利率，方可计算出一个月的利息额，年利率除以12即为月利率。如果在月内的某一天取得的借款则该日作为计息的起点时间，对于借款当月和还款月则应按实际经历天数计算（不足整月），此时应将月利率转化为日利率。在将月利率转化为日利率时，为简化起见，一个月一般按30天计算，一年按360天计算。

3. 短期借款的会计处理

在进行短期借款本金和利息核算时，需要设置"短期借款""财务费用""应付利息"3个主要账户。

（1）"短期借款"账户。该账户的性质是负债类，用来核算企业向银行或其他金融机构借入的期限在1年以内（含1年）的各种借款（本金）的增减变动及其结余情况。该账户的贷方登记取得的短期借款，即短期借款本金的增加；借方登记短期借款的偿还，即短期借款本金的减少，期末余额在贷方，表示企业尚未偿还的短期借款的本金结余额。短期借款应按照债权人的不同设置明细账户，并按照借款种类进行明细分类核算。

（2）"财务费用"账户。该账户的性质是损益类账户，用来核算企业为筹集生产经营所需资金等而发生的各种筹资费用，包括利息支出（减利息收入）、佣金、汇兑损失（减汇兑收益）以及相关的手续费，企业发生的现金折扣或收到的现金折扣等。财务费用账户的借方登记产生的财务费用，贷方登记发生的应冲减财务费用的利息收入、汇兑收益以及期末转入"本年利润"账户的财务费用净额（即财务费用支出大于收入的差额，如果收入大于支出则进行反方向的结转）。经过结转之后，该账户期末没有余额。"财务费用"账户应按照费用项目设置明细账户，进行明细分类核算。

"应付利息"账户。该账户的性质属于负债类，用来核算企业已经发生但尚未实际支付的利息费用。其贷方登记预先按照一定的标准提取的应由本期负担的利息费用，借方登记实际支付的利息费用。期末余额在贷方，表示已经预提但尚未支付的利息费用。该账户应按照费用种类设置明细账户，进行明细分类核算。

企业取得短期借款时，借记"银行存款"账户，贷记"短期借款"账户期末计算借款利息时，借记"财务费用"账户，贷记"银行存款"或"应付利息"账户；偿还借款本金支付利息时，借记"短期借款""应付利息"账户，贷记"银行存款"账户。采用预提的办法核算短期借款利息费用时，如果实际支付的利息与预提的利息之间有差额按已预提的利息金额，借记"应付利息"账户，按实际支付的利息金额与预提的金额的差额（尚未提取的部分）；借记"财务费用"账户，按实际支付的利息金额，贷记"银行存款"账户。

（二）长期借款业务的核算

长期借款是企业向银行及其他金融机构借入的偿还期限在1年以上或超过1年的一个营业周期以上的各种借款。一般来说，企业举借长期借款主要是为了增添大型固定资产、购置地产、增添或补充厂房等，就是为了扩充经营规模而增加各种长期耐用的固定资产的需要。在会计核算中，应当区分长期借款的性质按照申请获得贷款时实际收到的贷款数额进行确认和计量，并按照规定的利率和使用期限定期计息并确认为长期借款入账（注意此处与短期借款的区别）。贷款到期，企业应当按照借款合同的规定按期清偿借款本息。

关于长期借款利息费用的处理，按照会计制度的规定，长期借款的利息费用等，应按照权责发生制核算基础的要求,按期计算提取计入所购建资产的成本(即予以资本化)或直接计入当期损益(财务费用)。具体地说,就是在该长期借款所进行的长期工程项目完工之前发生的利息应将其资本化,计入该工程成本;在工程完工达到预定可使用状态之后产生的利息支出应停止借款费用资本化而予以费用化,在利息费用发生的当期直接计入当期损益(财务费用)。

为了核算长期借款本金及利息的取得和偿还情况,需要设置"长期借款"账户。该账户的性质属于负债类,用来核算企业从银行或其他金融机构取得的长期借款的增减变动及其结余情况。其贷方登记长期借款的增加数(包括本金和各期计算出来的到期支付的未付利息),借方登记长期借款的减少数(偿还的借款本金和利息)。期末余额在贷方,表示尚未偿还的长期借款本息结余额。该账户应按贷款单位设置明细账户,并按贷款种类进行明细分类核算。

企业取得长期借款时,借记"银行存款"账户,贷记"长期借款"账户;计算利息时,如果是到期还本付息的未付利息,则借记"在建工程"或"财务费用"等账户,贷记"长期借款"账户;如果是分期付息的未付利息,则借记"在建工程"或"财务费用"等账户,贷记"应付利息"账户。偿还借款、支付利息时借记"长期借款"账户,"应付利息"账户;贷记"银行存款"账户。

第三节 供应过程业务的核算

资金在企业经营过程的不同阶段其运动的方式和表现的形态是不同的,因而核算的内容也就不同。我们一般将企业的经营过程划分为供应过程、生产过程和销售过程。其中供应过程是为生产产品做准备的过程,为了生产产品,就要做好多方面的物资准备工作。其中较为重要的就是准备劳动工具,即购建固定资产和准备劳动对象即购买原材料等。

一、固定资产购置业务的核算

(一)固定资产的含义

固定资产是企业经营过程中使用的长期资产,包括房屋建筑物、机器设备、运输车辆以及工具、器具等。我国对固定资产的定义是,同时具有下列两个特征的有形资产:为生产商品、提供劳务、出租或经营管理而持有的;使用寿命超过一个会计年度的。这里的使用寿命是指企业使用固定资产的预计期间,或者该固定资产所能生产产品或提供劳务的数量。从固定资产的定义可以看出,固定资产具有以下三个特征:第一,固定资产是为生产商品、提供劳务、出租或经营管理而持有;第二,固定资产的使用寿命超过一个会计年度;第三,固定资产为有形资产。

固定资产是企业资产中比较重要的一部分内容,从一定程度上说,它代表着企业的生产能力和生产规模。因此,对其正确地加以确认与计量,就成为会计核算过程中一个非常重要的内容。固定资产是企业的劳动资料,从其经济用途来看,固定资产是用于生产经营活动的,而不是为了出售,这一特征是区别固定资产与商品等流动资产的重要标志。由于固定资产要长期参加企业的生产经营活动,因而其价值周转与其实物补偿并不同步,固定资产的这一特点显然也不同于流动资产。固定资产的价值一部分随其磨损,脱离其实物形态;另一部分仍束缚在使用价值形态上这一特点,使得固定资产的计价可以按取得时的实际成本和经磨损之后的净值同时表现。

(二)企业取得固定资产时入账价值的确定

固定资产取得时的实际成本是指企业购建固定资产达到预定可使用状态前所发生的一切合理的、必要的支出,它反映的是固定资产处于预定可使用状态时的实际成本。是否达到"预定可使用状态",是衡量可否作为固定资产进行核算和管理的标志,不再拘泥于"竣工决算"这个标准,这也是实质重于形式原则的一个具体应用。企业的固定资产在达到预定可使用状态前发生的一切合理的、必要的支出中既有直接发生的,如支付的固定资产的买价、包装费、运杂费、安装费等,也有间接发生的,如固定资产建造过程中应予以资本化的借款利息等,这些直接的和间接的支出对形成固定资产的生产能力都有一定的作用,理应计入固定资产的价值。一般来说,构成固定资产取得时实际成本的具体内容包括买价、运输费、保险费、包装费、安装成本等。

固定资产取得时的入账价值应根据具体情况和涉及的具体内容分别确定。其中,外购固定资产的成本,包括购买价款、进口关税和其他税费(购买机器设备涉及的增值税应作为进项税额记入"应交税费"账户),使固定资产达到预定可使用状态前所发生的可归属于该项资产的场地整理费、运输费、装卸费。安装费和专业人员服务费等(以一笔款项购入多项没有单独标价的固定资产,应当按照各项固定资产公允价值比例对总成本进行分配分别确定各项固定资产的成本)。

购买固定资产的价款超过正常信用条件而延期支付,实质上具有融资性质的,固定资产的成本以购买价款的现值为基础确定,实际支付的价款与购买价款之间的差额除应资本化的以外,应当在信用期间计入当期损益;自行建造完成的固定资产,按照建造该项固定资产达到预定可使用状态前所发生的一切合理的、必要的支出作为其入账价值。至于其他途径诸如接受投资取得固定资产、接受抵债取得固定资产等的入账价值的确定将在其他有关专业课程中介绍。

二、材料采购业务的核算

企业要进行正常的产品生产经营活动,就必须购买和储备一定品种和数量的原材料。原材料是产品制造企业生产产品不可缺少的物质要素,在生产过程中,材料经过加工而改变其原来的实物形态。构成产品实体的一部分,或者实物消失而有助于产品的生产。因此,产品制造企业要有计划地采购材料,既要保证及时、按质、按量地满足生产上的需要,同时又要避免储备过多,造成不必要的资金占用。

企业储存备用的材料,通常都是向外单位采购而得的。在材料采购过程中一方面是企业从供应单位购进各种材料,计算购进材料的采购成本;另一方面企业要按照经济合同和约定的结算办法支付材料的买价和各种采购费用,并与供应单位形成货款结算关系。在材料采购业务的核算过程中,还涉及增值税进项税额的计算与处理问题。为完成材料采购业务的核算,需要设置一系列账户。

按照规定,存货应当按照成本进行初始计量,存货的成本包括采购成本、加工成本和其他成本。其中存货的采购成本是指在采购过程中所发生的支出,包括购买价款、相关税费、运输费、装卸费、保险费以及其他可归属于存货采购成本的费用。对于企业原材料的核算,其中一个非常重要的问题就是原材料成本的确定,包括取得原材料成本的确定和发出原材料成本的确定。关于取得原材料成本的确定,不同方式取得的原材料,其成本确定的方法不同,成本构成的内容也不同。其中购入的原材料,其实际采购成本由以下几项内容组成:(1)购买价款,是指购货发票所注明的货款金额;(2)采购过程中发生的运杂费(包括运输费、包装费、装卸费、保险费、仓储费等,不包括按规定根据运输费的一定比例计算的可抵扣的增值税税额);(3)材料在运输途中发生的合理损耗;(4)材料入库之前产生的整理挑选费用(包括整理挑选中发生的人工费支出和必要的损耗,并减去回收的下脚废料价值);(5)按规定应计入材料采购成本中的各种税金,如为国外进口材料支付的关税购买材料发生的消费税以及不能从增值税销项税额中抵扣的进项税额等;(6)其他费用,如大宗物资的市内运杂费等(但这里需要注意的是市内零星运杂费,采购人员的差旅费以及采购机构的经费等不构成材料的采购成本,而是计入期间费用)。对于材料采购过程中发生的物资毁损、短缺等,合理损耗部分应当作为材料采购费用计入材料的采购成本,其他损耗不得计入材料采购成本,如从供应单位外部运输机构等收回的物资短缺、毁损赔款,则应冲减材料采购成本。

按照我国会计规范的规定企业的原材料可以按照实际成本计价组织收发核算,也可以按照计划成本计价组织收发核算,具体采用哪一种方法,由企业根据具体情况自行决定。

(一)原材料按实际成本计价的核算

当企业的经营规模较小,原材料的种类不是很多,而且原材料的收、发业务的发生也不是很频繁的情况下,企业可以按照实际成本计价方法组织原材料的收发核算。原材料按照实际成本计价方法进行日常的收发核算,其特点是从材料的收、发凭证到材料明细分类账和总分类账全部按实际成本计价。

购物材料的实际采购成本 = 实际买价 + 采购费用

原材料按实际成本计价组织收发核算时应设置以下几个账户。

1. "在途物资"账户。该账户的性质属于资产类用来核算企业采用实际成本进行材料物资日常核算时外购材料的买价和各种采购费用,据以计算、确定购入材料的实际采购成本,其借方登记购入材料的买价和采购费用(实际采购成本),贷方登记结转完成采购过程、验收入库材料的实际采购成本。期末余额在借方,表示尚未运达企业或者已经运达企业但尚未验收入库的在途材料的成本。"在途物资"账户应按照供应单位和购入材料的品种或种类设置明细账户,进行明细分类核算。

对于"在途物资"账户,在具体使用时,要注意以下两个问题。

其一,企业对于购入的材料,不论是否已经付款,一般都应该先记入该账户,在材料验收入库结转成本时,再将其成本转入"原材料"账户。

其二,购入材料过程中发生的除买价之外的采购费用,如果能够分清是某种材料直接负担的,可直接计入该材料的采购成本,否则就应进行分配。分配时首先根据材料的特点确定分配的标准,一般来说可以选择的分配标准有材料的重量、体积、买价等,然后计算材料采购费用分配率,最后计算各种材料的采购费用负担额,即:

材料采购费用分配率 = 公共性采购费用额 ÷ 分配标准的合计数

某材料应负担的采购费用额 = 该材料的分配标准 × 材料采购费用分配率

2. "原材料"账户。该账户的性质属于资产类用来核算企业库存材料实际成本的增减变动及其结存情况。其借方登记已验收入库材料实际成本的增加,贷方登记发出材料的实际成本(即库存材料实际成本的减少),期末余额在借方,表示库存材料实际成本的期末结余额。"原材料"账户应按照材料的保管地点、材料的种类或类别设置明细账户进行明细分类核算。

3. "应付账款"账户。该账户的性质属于负债类,用来核算企业因购买原材料、商品和接受劳务供应等经营活动应支付的款项。其贷方登记应付供应单位款项（买价、税金和代运杂费等）的增加，借方登记应付供应单位款项的减少（即偿还）。期末余额一般在贷方，表示尚未偿还的应付款的结余额。该账户应按照供应单位的名称设置明细账户，进行明细分类核算。

（二）原材料按计划成本计价的核算

前面我们已经对原材料按实际成本计价核算的内容做了比较全面的介绍。材料按照实际成本进行计价核算，能够较全面、完整地反映材料资金的实际占用情况，可以准确地计算出生产过程所生产产品的成本中的材料费用额。但是，在企业材料的种类比较多、收发次数又比较频繁的情况下，其核算的工作量就比较大，而且也不便于考核材料采购业务成果，分析材料采购计划的完成情况。所以在我国一些大、中型企业，材料就可以按照计划成本计价组织收、发核算。

材料按计划成本计价进行核算，就是材料的收、发凭证，按计划成本计价。材料总账及明细账均按计划成本登记，通过增设"材料成本差异"账户来核算材料实际成本与计划成本之间的差异额，并在会计期末对计划成本进行调整以确定库存材料的实际成本和发出材料应负担的差异额进而确定发出材料的实际成本。具体地说，材料按计划成本组织收、发核算的基本程序如下。

首先，企业应结合各种原材料的特点、实际采购成本等资料确定原材料的计划单位成本，计划单位成本一经确定，在年度内一般不进行调整。其次，平时购入或通过其他方式取得的原材料，按其计划成本和计划成本与实际成本之间的差异额分别在有关账户中进行分类登记。

最后，平时发出的材料按计划成本核算，月末再将本月发出材料应负担的差异额进行分摊，随同本月发出材料的计划成本记入有关账户，其目的在于将不同用途消耗的原材料的计划成本调整为实际成本。

发出材料应负担的差异额必须按月分摊，不得在季末或年末一次分摊。另外，企业会计准则规定，对于发出材料应负担的成本差异，除委托外部加工物资面发出的材料可按上月（即月初）差异率计算外，其余都应使用当月的差异率，除非当月差异率与上月差异率相差不大。计算方法一经确定，不得随意变更。

原材料按计划成本组织收、发核算时，应设置以下几个账户。

1. "原材料"账户。原材料按计划成本核算所设置的"原材料"账户与按实际成本核算设置的"原材料"账户基本相同，只是将其实际成本改为计划成本，即"原材料"账户的借方、贷方和期末余额均表示材料的计划成本。

2. "材料采购"账户。该账户的性质是资产类,用来核算企业购入材料的实际成本和结转入库材料的计划成本,并据以计算、确定购入材料成本差异额。其借方登记购入材料的实际成本和结转入库材料实际成本小于计划成本的节约差异,贷方登记入库材料的计划成本和结转入库材料的实际成本大于计划成本的超支差异。期末余额在借方,表示在途材料的实际采购成本。该账户应按照供应单位和材料的种类设置明细账户,进行明细分类核算。

第四节　生产过程业务的核算

企业在其经营过程中要发生各种各样的费用,不仅生产过程如此,供应过程和销售过程也是如此。尤其以生产过程为重,所以我们在介绍生产过程核算内容之前,有必要对费用的含义及其确认的有关内容进行介绍。

费用是指企业在日常活动中所发生的会导致所有者权益减少的、与向所有者分配利润无关的经济利益的总流出,其实质就是资产的耗费或债务的形成。从理论上说,企业之所以要发生各种资产的耗费,其内在的动因就是要取得各种收入,所以费用的确认就应该与收入的确认保持一致。在会计上,有关收入和费用的确认基础包括划分收益性支出和资本性支出配比和权责发生制等。

按照划分收益性支出和资本性支出的要求,当某项支出的受益期长于一个会计年度时,应将该项支出计入其所获得资产的价值,即将该项支出予以资本化,反之则予以费用化,确认是该期间的费用。应该说,这个要求为费用的确认界定了一个总体的时间界限,但时间跨度太大无法确定我们会计上的最基本时间单位(月)的费用界限。因此,就需要一个更为具体的确认基础,这就是权责发生制核算基础。权责发生制核算基础就是按照支出的义务实际发生,即支出的效用真正发生时进行确认,而不是其款项的具体支付时间。

在实际工作中,义务的发生和款项的实际支付存在三种可能,即义务产生时支付款项、义务产生在先而款项的支付在后和义务产生在后而款项的支付在先,其中对于后两种情况,就需要运用权责发生制核算基础的要求按照发挥效用的具体时间进行确认。当然,权责发生制核算基础为我们解决了费用(收入也是如此)归属的具体会计期间的问题,在此基础上,我们还要依据配比的要求将已经有了期间归属的收入和费用进行彼此的结合,即所谓的"收入应与其相关的成本、费用相互配比"以正确地确定该期间内各项业务的具体结果,其后的有关收入和费用确认的内容都是在上述几个会计核算基础的总体要求下产生的具体结果。

一、生产过程业务概述

企业的主要经济活动是生产符合社会需要的产品，产品的生产过程同时也是生产的耗费过程。企业在生产经营过程中产生的各项耗费，是企业为获得收入而预先垫支并需要得到补偿的资金耗费，因而也是收入形成、实现的必要条件。企业要生产产品就要产生各种生产耗费，包括生产资料中的劳动工具（如机器设备）和劳动对象（如原材料）的耗费，以及劳动力等方面的耗费。企业在生产过程中发生的、用货币形式表现的生产耗费叫作生产费用。这些费用最终都要归集、分配到一定种类的产品上去，从而形成各种产品的成本。换言之，企业为生产一定种类，一定数量产品所支出的各种生产费用的总和对象化于产品就形成了这些产品的成本。由此可见，费用与成本有着密切的联系，费用的发生过程也就是成本的形成过程，费用是产品成本形成的基础。但是，费用与成本也有一定的区别，费用是在一定期间为了进行生产经营活动而发生的各项耗费，费用与发生的期间直接相关，即费用强调"期间"；而成本则是为生产某一产品或提供某一劳务所消耗的费用，成本与负担者直接相关即成本强调"对象"。

生产费用按其计入产品成本的方式不同，可以分为直接费用和间接费用。直接费用是指企业生产产品过程中实际消耗的直接材料和直接人工；间接费用是指企业为生产产品和提供劳务而发生的各项间接支出，通常称为制造费用。上述各个项目是生产费用按其经济用途所进行的分类，在会计上我们一般将其称为成本项目。各个产品成本项目的具体构成内容可以分述如下。

直接材料是指企业在生产产品和提供劳务的过程中所消耗的、直接用于产品生产构成产品实体的各种原材料、主要材料、外购半成品以及有助于产品形成的辅助材料等。直接人工是指企业在生产产品和提供劳务过程中，直接从事产品生产的工人工资、津贴、补贴和福利费等薪酬内容。

制造费用是指企业为生产产品和提供劳务而发生的各项间接费用，其构成内容比较复杂，包括间接的职工薪酬、折旧费、修理费、办公费、水电费、机物料消耗、季节性停工损失等。在会计核算过程中，必须按照划分收益性支出和资本性支出、历史成本和权责发生制核算基础的要求对各项费用的发生额及其应归属的期间加以确认与计量，并按照各项费用的构成内容和经济用途正确地进行反映。因此，在产品生产过程中费用的发生归集和分配以及产品成本的形成，就构成了产品生产业务核算的主要内容。

二、生产费用的归集与分配

（一）材料费用的归集与分配

产品制造企业通过供应过程采购的各种原材料，经过验收入库之后，就形成了衍生产品的物资储备，生产产品及其他方面领用时，就形成了材料费。完整意义上的材料费包括消耗的原材料、主要材料和辅助材料等，在确定材料费用时，应在根据领料凭证区分车间、部门和不同用途后，按照确定的结果将发出材料的成本分别记入"生产成本""制造费用""管理费用"等账户和产品生产成本明细账。对于直接用于某种产品生产的材料费，应直接计入该产品生产成本明细账中的直接材料项目；对于由几种产品共同耗用、应由这些产品共同负担的材料费，应选择适当的标准在各种产品之间进行分配之后计入各有关成本计算对象；对于为创造生产条件等需要而间接消耗的各种材料费，应先在"制造费用"账户中进行归集，然后再同其他间接费用一起分配计入有关产品成本中。总而言之，材料是构成产品实体的一个重要组成部分，对材料费的归集与分配的核算是生产过程核算的一部分非常重要的内容。

为了核算和监督产品在生产过程中各项材料费用的发生、归集和分配情况，正确地计算产品生产成本中的材料费用应设置以下的账户。

1. "生产成本"账户。该账户的性质属于成本类，用来归集和分配企业进行工业性生产所发生的各项生产费用，进而根据该账户可以正确地计算产品生产成本。其借方登记应计入产品生产成本的各项费用，包括直接计入产品生产成本的直接材料费，直接人工费和期末按照一定的方法分配计入产品生产成本的制造费用；贷方登记结转完工入库产成品的生产成本。期末如有余额在借方，表示尚未完工产品（在产品）的成本，即生产资金的占用额。该账户应按产品种类或类别设置明细账户，进行明细分类核算。

2. "制造费用"账户。该账户的性质属于成本类用来归集和分配企业生产车间（基本生产车间和辅助生产车间）范围内为组织和管理产品的生产活动而发生的各项间接生产费用，包括车间范围内发生的管理人员的薪酬、折旧费、修理费、办公费、水电费、机物料消耗、季节性停工损失等。其借方登记实际发生的各项制造费用，贷方登记期末经分配转入"生产成本"账户借方（应计入产品制造成本）的制造费用额。期末在费用结转后该账户一般没有余额（季节性生产企业除外）。该账户应按不同车间设置明细账户，按照费用项目设置专栏进行明细分类核算。

产品制造企业采购到的材料经验收入库形成生产的物资储备。生产部门领用时，填制领料单，向仓库办理领料手续，领取所需材料。仓库发出材料后，要将领料凭证传递到会计部门。会计部门将领料单汇总，编制"发出材料汇总表"，据此将本月发生的材料费用按其用途分配计入生产费用和其他有关费用。

（二）人工费用的归集与分配

工人为企业劳动，理应从企业获得一定的报酬，也就是企业应向职工支付一定的薪酬。根据有关准则将职工薪酬界定为企业为获得职工提供的服务或解除劳动关系而给予的各种形式的报酬或补偿。企业提供给职工配偶、子女、受赡养人、已故员工遗属及其他受益人等的福利，也属于"职工薪酬"。也就是说，从性质上凡是企业为获得职工提供的服务给予或付出的各种形式的对价，都构成职工薪酬。作为一种耗费构成人工成本，与这些服务产生的经济利益相匹配，与此同时，企业与职工之间因职工提供服务形成的关系，大多数构成企业的现时义务，将导致企业未来经济利益的流出，从而形成企业的一项负债。

职工薪酬准则所称的"职工"具体包括以下三类人员。

1.与企业订立劳动合同的所有人员，含全职、兼职和临时工，即与企业订立了固定期限、无固定期限和以完成一定的工作量作为期限的劳动合同的所有人员。

2.未与企业订立劳动合同、但由企业正式任命的人员，如董事会成员、监事会成员等。按照有关规定，公司应当设立董事会和监事会，董事会和监事会成员为企业的战略发展提出建议、进行相关监督等，目的是提高企业整体经营管理水平，对其支付的津贴、补贴等报酬从性质上看属于职工薪酬。

3.在企业的计划和控制下，虽未与企业订立劳动合同或未由企业正式任命，但为企业提供与职工类似服务的人员，也属于职工薪酬准则所称的"职工"。如企业与有关中介机构签订劳务用工合同所涉及的相关务工人员。职工薪酬是企业因职工提供服务而支付或放弃的所有对价。企业在确定应当作为职工薪酬进行确认和计量的项目时，需要综合考虑，确保企业人工成本核算的完整性和准确性。

职工薪酬准则所确定的职工薪酬主要包括以下几项内容。

1.短期薪酬是指企业预期在职工提供相关服务的年度报告期间结束后十二个月内将全部予以支付的职工薪酬，因解除与职工的劳动关系给予的补偿除外。短期薪酬具体包括职工工资、奖金、津贴和补贴。企业按照短期奖金计划向职工发放的奖金属于短期薪酬，按照中长期奖金计划向职工发放的奖金属于其他长期职工福利。

（1）职工福利费，是指企业向职工提供的生活困难补助、丧葬补助费、抚恤费、职工异地安家费、防暑降温费等职工福利支出。

（2）医疗保险费、工伤保险费和生育保险费等社会保险费，是指企业按照国家规定的基准和比例计算向社会保险经办机构缴纳的医疗保险费、养老保险费，失业保险费，工伤保险费和生育保险费等。

（3）住房公积金是指企业按照国家规定的基准和比例计算向住房公积金管理机构缴存的住房公积金。

（4）工会经费和职工教育经费是指企业为了改善职工文化生活，为职工学习先进技术，提高文化水平和业务素质，开展工会活动和职工教育及职业技能培训等的相关支出。

（5）短期带薪缺勤，是指职工虽然缺勤但企业仍向其支付报酬的安排，包括年休假、病假、婚假、产假、丧假、探亲假等。

（6）短期利润分享计划，是指因职工提供服务而与职工达成的基于利润或其他经营成果提供薪酬的协议。

（7）其他短期薪酬，是指除上述薪酬以外的其他为获得职工提供的服务而给予的短期薪酬。

2. 离职后福利是指企业为获得职工提供的服务而在职工退休或与企业解除劳动关系后，提供的各种形式的报酬和福利，短期薪酬和辞退福利除外。

3. 辞退福利是指企业在职工劳动合同到期之前解除与职工的劳动关系，或者为鼓励职工自愿接受裁减而给予职工的补偿。辞退福利主要包括：

（1）在职工劳动合同到期前，不论职工本人是否愿意，企业决定解除与职工的劳动关系而给予的补偿；

（2）在职工劳动合同尚未到期前，为鼓励职工自愿接受裁减而给予的补偿，职工有权利选择继续在职或接受补偿离职。另外，职工虽然没有与企业解除劳动合同，但未来不再为企业提供服务，不能为企业带来经济利益，企业承诺提供实质上具有辞退福利性质的经济补偿的，如发生"内退"的情况，在其正式退休日期之前应当比照辞退福利处理，在其正式退休日期之后，应当按照离职后福利处理。

4. 其他长期职工福利，是指除短期薪酬、离职后福利、辞退福利之外所有的职工薪酬，包括长期带薪缺勤、长期残疾福利、长期利润分享计划等。

总而言之，职工薪酬的具体范围包括在职和离职后提供给职工的所有货币性和非货币性薪酬；能够量化给职工本人和提供给职工集体享有的福利；提供给职工本人、配偶、子女或其他赡养人福利；以商业保险形式提供给职工的保险待遇等。在对企业职工的薪酬进行核算时，应根据工资结算汇总表或按月编制的"职工薪酬分配表"的内容登记有关的总分类账户和明细分类账户，进行相关的账务处理。

应由生产产品、提供劳务负担的职工薪酬，计入产品成本或劳务成本。生产产品、提供劳务的直接生产人员和直接提供劳务人员发生的职工薪酬,根据有关规定,计入存货成本,但非正常消耗的直接生产人员和直接提供劳务人员的职工薪酬,应在发生时确认为当期损益;应由在建工程、无形资产负担的职工薪酬计入固定资产或无形资产成本;除直接生产人员、直接提供劳务人员、建造固定资产人员、开发无形资产人员以外的职工,包括公司总部管理人员、董事会成员、监事会成员等人员相关的职工薪酬,因难以确定直接对应的受益对象所以均应在发生时确认为当期损益。下面仅以短期薪酬中的工资、福利费为例说明短期薪酬的确认与计量为了核算职工薪酬的发生和分配的内容需要设置"应付职工薪酬"账户。"应付职工薪酬"账户的性质是负债类,用来核算企业职工薪酬的确认与实际发放情况,并核算和监督企业与职工薪酬结算情况。该账户贷方登记本月计算的应付职工薪酬总额,包括各种工资、奖金、津贴和福利费等同时应付的职工薪酬应作为一项费用按其经济用途分别记入有关的成本费用账户,借方登记本月实际支付的职工薪酬数。月末如为贷方余额,表示本月应付职工薪酬大于实付职工薪酬的数额,即应付未付的职工薪酬。"应付职工薪酬"账户可以按照"工资""职工福利""社会保险费""住房公积金"等进行明细分类核算。

企业发生的职工薪酬的用途是不同的,有的直接用于产品的生产,有的用于管理活动等,所以,在确定本月应付职工薪酬时,就应该按用途分别在有关账户中进行核算,特别是对于生产多种产品的企业,其共同性的职工薪酬应在各种产品之间按照一定的标准进行分配,其分配的具体过程将在经济业务的处理中详细说明。这里需要特别说明的是,对于职工福利费,企业应当根据历史经验数据和当期福利费列支计划。预计当期应计入职工薪酬的福利费金额,在会计期末,企业应对实际发生的福利费金额和预计金额进行适当的调整。关于职工薪酬核算的具体程序包括支付工薪、分配职工薪酬等环节。

(三)制造费用的归集与分配

制造费用是产品制造企业为了生产产品和提供劳务而发生的各种间接费用。其主要内容是企业的生产部门(包括基本生产车间和辅助生产车间)为组织和管理生产活动以及为生产活动服务而发生的费用,如车间管理人员的工资及福利费,车间生产使用的照明费、取暖费、运输费、劳动保护费等。在生产多种产品的企业里,制造费用在发生时一般无法直接判定其应归属的成本核算对象,因而不能直接计入所生产的产品成本中,必须将上述各种费用按照发生的不同空间范围在"制造费用"账户中予以归集、汇总,然后选用一定的标准(如生产工人工资、生产工时等),在各种产品之间进行合理的分配,以便准确地确定各种产品应负担的制造费用额。在制造费用的归集过程中,要按照权责发生制核算基础的要求,正确地处理跨期间的各种费用,使其分摊于应归属的会计期间。

制造费用包括的具体内容又可以分为三部分。

第一部分间接用于产品生产的费用，如机物料消耗费用，车间生产用固定资产的折旧费、修理费、保险费、车间生产用的照明费、劳动保护费等。

第二部分直接用于产品生产，但管理上不要求或者不便于单独核算，因而没有单独设置成本项目进行核算的某些费用。如生产工具的摊销费、设计制图费、试验费以及生产工艺用的动力费等。

第三部分车间用于组织和管理生产的费用，如车间管理人员的工资及福利费，车间管理用的固定资产折旧费、修理费，车间管理用具的摊销费，车间管理用的水电费、办公费、差旅费等。

（四）完工产品生产成本的计算与结转

在将制造费用分配由各种产品成本负担之后"生产成本"账户的借方归集了各种产品所发生的直接材料、直接工资、其他直接支出和制造费用的全部内容。在此基础上就可以进行产品成本计算。进行产品生产成本的计算，就是将企业生产过程中为制造产品所发生的各种费用按照生产产品的品种、类别等（即成本计算对象）进行归集和分配，以便计算各种产品的总成本和单位成本。计算产品生产成本既为入库产成品提供计价的依据，又满足确定各会计期间盈亏的需要。

企业应设置产品生产成本明细账，用来归集应计入各种产品的生产费用。在以产品品种为成本计算对象的企业或车间，如果只生产一种产品，计算产品成本时，只需为这种产品开设一本明细账，账内按照成本项目设立专栏或专行。在这种情况下发生的生产费用全部都是直接计入的费用，可以直接记入产品成本明细账，而不存在在各成本计算对象之间分配费用的问题。

如果生产的产品不止一种，就应按照产品品种分别开设产品生产成本明细账。生产过程中产生的费用凡能分得清被哪种产品所消耗的，应根据有关凭证直接记入该种产品成本明细账；凡分不清的，如制造费用或几种产品共同耗用的某种原材料费用、生产工人的计时工资等则应采取适当的分配方法在各成本计算对象之间进行分配然后记入各产品成本明细账。

产品生产成本的计算应在生产成本明细账中进行。如果月末某种产品全部完工，该种产品生产成本明细账所归集的费用总额，就是该种完工产品的总成本，用完工产品总成本除以该种产品的完工总产量即可计算出该种产品的单位成本；如果月末某种产品全部未完工，该种产品生产成本明细账所归集的费用总额就是该种产品在产品的总成本；如果月末某种产品一部分完工，一部分未完工，这时归集在产品成本明细账中的费用总额还要采取适当的分配方法在完工产品和在产品之间进行分配，然后才能计算出完工产品的总成本和单位成本。生产费用如何在完工产品和在产品之间进行分配，是成本计算中的一个既重要而又复杂的问题。

完工产品成本的简单计算公式为：

完工产品生产成本＝期初在产品成本＋本期发生的生产费用－期末在产品成本

企业生产的产品经过了各道工序的加工生产之后就成为企业的产成品。产成品是指已经完成全部生产过程并已验收入库、符合标准规格和技术条件，可以按照合同规定的条件送交订货单位或可以作为商品对外销售的产品。根据完工产品生产成本计算单的资料就可以结转完工、验收入库产品的生产成本。

为了核算完工产品成本结转及其库存商品成本情况，需要设置"库存商品"账户，该账户的性质是资产类账户，用来核算企业库存的外购商品、自制产品即产成品、自制半成品、存放在门市部准备出售的商品、发出展览的商品以及寄存在外的商品等的实际成本（或计划成本）的增减变动及其结余情况。其借方登记验收入库商品成本的增加包括外购、自产、委外加工等；贷方登记库存商品成本的减少（发出）。期末余额在借方，表示库存商品成本的期末结余额。"库存商品"账户应按照商品的种类、品种和规格等设置明细账，进行明细分类核算。

第五节　销售过程业务的核算

企业经过产品生产过程，生产出符合要求可供对外销售的产品形成了商品存货，接下来就要进入销售过程。通过销售过程，将生产出来的产品销售出去，实现它们的价值。销售过程是企业经营过程的最后一个阶段。产品制造企业在销售过程中，通过销售产品按照销售格收取产品价款。形成商品销售收入在销售过程中结转的商品销售成本以及发生的运输、包装、广告等销售费用按照国家税法的规定计算缴纳的各种销售税金等都应该从销售收入中得到补偿，补偿之后的差额即为企业销售商品的业务成果即利润或亏损。企业在销售过程中除了发生销售商品、自制半成品以及提供工业性劳务等业务，即主营业务外还可能发生一些其他业务，如销售材料、出租包装物、出租固定资产等。

一、主营业务收支的核算

企业的主营业务范围包括销售商品、自制半成品、代制品、代修品以及提供工业性劳务等。主营业务核算的主要内容就是主营业务收入的确认与计量，主营业务成本的计算与结转，销售费用的发生与归集、税金的计算与缴纳以及货款的收回等。

（一）营业收入的确认与计量

1. 营业收入的范围

营业收入是指企业在从事销售商品提供劳务和让渡资产使用权等（以下简称销售商品等）日常经营业务过程中取得的收入。在日常会计处理中，营业收入可分为主营业务收入和其他业务收入两部分。主营业务收入是指企业进行经常性业务取得的收入，是利润形成的主要来源。不同行业主营业务收入的表现形式有所不同。工业企业的主营业务收入是指销售商品（产成品）、自制半成品以及提供代制、代修等工业性劳务取得的收入，称为产品销售收入；商品流通企业的主营业务收入是销售商品取得的收入，称为商品销售收入；其他业务收入是指企业在生产经营过程中取得的除主营业务收入以外的各项收入，如转让无形资产使用权的收入等。

2. 营业收入的确认

企业应当履行合同中的履约义务，即在客户取得相关商品控制权时确认收入。履约义务是指合同中企业向客户转让商品等的承诺，既包括合同中明确的承诺，也包括由于企业已公开宣布的政策、特定声明或以往的习惯做法等导致合同订立时客户合理预期企业将履行的承诺。客户取得相关商品等控制权，是指能够主导该商品的使用并从中获得几乎全部的经济利益。

（1）营业收入的确认条件

当企业与客户之间的合同同时满足下列条件时，企业应当在客户取得相关商品等控制权时确认营业收入。

1）合同各方已批准该合同并承诺将履行各自义务。

2）该合同明确了合同各方与所销售商品等相关的权利和义务。

3）该合同有明确的与所销售商品等相关的支付条款。

4）该合同具有商业实质，即履行该合同将改变企业未来现金流量的风险、时间分布或金额。

5）企业因向客户销售商品等而有权取得的对价很可能收回。

同时满足上述条件，说明企业取得内容完整。合法有效的具有商业实质的合同，且很可能收到相关价款。在这种情况下，企业履行合同中的履约义务，即客户取得相关商品等控制权时，企业可以确认营业收入。

需要说明的是，大多数企业在经营活动中均需与客户签订销售合同，如施工企业与客户签订承接建造合同、生产企业与客户签订销售商品合同等。在这种情况下，应按照规定，在履行合同中的履约义务即在客户取得相关商品等控制权时确认营业收入。但是，商品零售企业等的商品销售大多在客户付款后直接发货不需要签订合同。在这种情况下，按照实质重于形式的要求，可以视为履行了合同中的履约义务，可以直接确认营业收入。

（2）营业收入的确认时间

营业收入的确认，根据履约义务的时间，分为在某一时段内分期确认和在某一时点确认。

1）在某一时段内分期确认营业收入。合同开始日，企业应当对合同进行评估，识别该合同所包含的履约义务。满足下列条件之一的，属于在某一时段内履行履约义务，否则，属于在某一时点履行履约义务。

①客户在企业履约的同时即取得并消耗企业履约所带来的经济利益。

②客户能够控制企业履约过程中在建的商品等。

③企业履约过程中所产出的商品等具有不可替代用途，且该企业在整个合同期间内有权就累计至今已完成的履约部分收取款项。具有不可替代用途是指因合同限制或实际可行性限制，企业不能轻易地将商品等用于其他用途；有权就累计至今已完成的履约部分收取款项，是指在由于客户或其他方原因终止合同的情况下，企业有权就累计至今已完成的履约部分收取能够补偿其已发生成本和合理利润的款项，并且该权利具有法律约束力。

例如，企业与客户签订一项为期一年的劳务合同，该劳务仅为该客户提供，具有不可替代性。合同规定客户每个季度按照劳务完工程度付款，客户对劳务的质量具有控制的权利。根据上述条件，该劳务合同属于在某一时段内履行履约义务，企业应当在该段时间内按照履约进度确认营业收入，但是，履约进度不能合理确定的除外。

2）在某一时点确认营业收入

对于在某一时点履行的履约义务，企业应当在客户取得相关商品控制权时点确认收入。在判断客户是否已取得商品等的控制权时，企业应当考虑下列迹象。

①企业就该商品等享有现时收款权利，即客户就该商品等负有现时付款义务。

②企业已将该商品等的法定所有权转移给客户，即客户已拥有该商品等的法定所有权。

③企业已将该商品实物转移给客户，即客户已实物占有该商品。

④企业已将该商品等所有权上的主要风险和报酬转移给客户，即客户已取得该商品等所有权上的主要风险和报酬。

⑤客户已接受该商品等。

⑥其他表明客户已取得商品等控制权的迹象。

需要说明的是"企业已将该商品实物转移给客户""客户已接受该商品",需要根据具体情况确定。如果企业已公开宣布的政策特定声明或以往的习惯做法等,能够证明业务发生时企业能够履行承诺的履约义务,则可以视为客户已接受该商品,否则应在客户签收商品时才能确认履行承诺的履约义务。例如,商品零售企业销售空调等大型商品,客户付款后由企业负责送货、安装。在这种情况下,企业尚未将该商品实物转移给客户。如果该商品属于标准产品。根据以往经验,几乎未出现过客户拒收商品的现象则可以视为客户已接受该商品。

在收款时可以确认营业收入:如果该商品属于客户特殊定制的商品,且客户能否接受该商品尚不能确定,则收款时不应确认营业收入,应在商品安装调试完成且客户签收商品时确认营业收入。

3. 营业收入的计量

企业应当按照各单项履约义务的交易价格计量营业收入。交易价格是指企业因向客户销售商品等而预期有权收取的对价金额,企业代第三方收取的款项以及企业预期将退还给客户的款项。应当作为负债进行会计处理,不计入交易价格。

企业应当根据合同条款,并结合其以往的习惯做法确定交易价格。在确定交易价格时,企业应当考虑合同中存在的可变对价、重大融资成分、应付客户对价等因素的影响。

存在可变对价。合同中存在可变对价的,企业应当按照期望发生金额确定可变对价的最佳估计数。每一资产负债表日企业应当重新估计计入交易价格的可变对价金额。可变对价金额发生变动的对于已履行的履约义务,后续变动额应当调整变动当期的收入。

(2)存在重大融资成分。企业与客户签订的合同中存在重大融资成分的,企业应当按照假定客户在取得商品控制权时,即以现金支付的应付金额确定交易价格。该交易价格与合同对价之间的差额应当在合同期间内采用实际利率法摊销。例如,企业与客户签订一项分期收款商品销售合同,不含增值税的总价为500万元,收款期为5年,每年末收款100万元,该商品的现销价格为430万元,则该合同存在重大融资成分,其交易价格不应按照分期收款总价500万元确定面应按照其现销价格430万元确定。

但是,合同开始日,企业预计客户取得商品控制权与客户支付价款间隔不超过一年的,根据重要性要求可以不考虑合同中存在的融资成分。分期收款总额即为交易价格。

(3)应付客户对价。企业与客户签订的合同含有应付客户对价的,应当将该应付对价冲减交易价格并在确认相关收入与支付客户对价的时点冲减当期收入。例如。某商场规定客户在本商场购买商品总价500元以上可以随机抽取现金奖券：客户30天之内在本商场购买任何商品，该现金奖券均可以直接抵扣商品价款。4月10日，某客户在该商场购买商品的总价为600元，抽取现金奖券20元；5月8日该客户又在该商场购买商品，总价100元，现金奖券抵扣20元，该客户实际付款80元，该商场4月确认的商品交易价格为600元，确认营业收入600元；5月确认营业收入100元，同时由于客户使用现金奖券抵扣20元，冲减营业收入20元。

需要说明的是，如果应付客户对价是为了向客户取得其他可明确区分的商品，则企业应当采用与本企业采购其他商品相一致的方式确认所取得的商品。企业应付客户对价超过向客户取得可明确区分商品公允价值的超过金额应当冲减交易价格。向客户取得的可明确区分商品公允价值不能合理估计的，企业应当将应付客户对价全额冲减交易价格。例如，某商场采用以旧换新方式销售A商品售价为2000元，承诺回收旧商品的对价为100元。如果回收旧商品的公允价值为100元，则企业销售A商品的交易价格为2000元回收旧商品的对价100元为旧商品的采购价格；如果回收旧商品价格的公允价值为60元，则应付客户对价超过其公允价值的40元应冲减销售价格，企业销售A商品的交易价格为1960元，回收旧商品的采购价格为60元。

（二）销售商品业务的会计处理

销售商品业务属于企业主营业务，为了核算这种主营业务收入的实现、销售成本向结转、销售税金的计算等内容，在会计上，一般需要设置"主营业务收入""主营业务成本""税金及附加"等账户分别核算收入的实现及其结转、成本的发生及其转销、税金的计算及其转销的具体内容。对于货款的结算还应设置"应收账款"等往来账户。具体说明其核算过程如下。

1. 主营业务收入的核算

为了核算和监督企业销售商品和提供劳务所实现的收入以及因销售商品而与购买单位之间发生的货款结算业务应设置下列账户。

（1）"主营业务收入"账户。该账户的性质是损益类，用来核算企业销售商品和提供工业性劳务所实现的收入。其贷方登记企业实现的主营业务收入（即主营业务收入的增加），借方登记发生销售退回和销售折让时应冲减本期的主营业务收入和期末转入"本年利润"账户的主营业务收入额（按净额结转），结转后该账户月末应没有余额。"主营业务收入"账户应按照主营业务的种类设置明细账户，进行明细分类核算。

（2）"应收账款"账户。该账户的性质是资产类，用来核算因销售商品和提供劳务等而应向购货单位或接受劳务单位收取货款的结算情况（结算债权）。代购货单位垫付的各种款项也在该账户中核算。其借方登记由于销售商品以及提供劳务等而发生的应收账款（即应收账款的增加），包括应收取的价款、税款和代垫款等，贷方登记已经收回的应收账款（即应收账款的减少）。期末余额如在借方，表示尚未收回的应收账款；期末余额如在贷方，表示预收的账款。该账户应按不同的购货单位或接受劳务单位设置明细账户进行明细分类核算。

（3）"预收账款"账户。该账户的性质是负债类用来核算企业按照合同的规定预收购货单位订货款的增减变动及其结余情况，其贷方登记预收购买单位订货款的增加，借方登记销售实现时冲减的预收货款。期末余额如在贷方，表示企业预收款的结余额，期末余额如在借方，表示购货单位应补付给本企业的款项。本账户应按照购货单位设置明细账户，进行明细分类核算。

需要注意的是，对于预收账款业务不多的企业，可以不单独设置"预收账款"账户，而将预收的款项直接记入"应收账款"账户。此时，"应收账款"账户就成为双重性质的账户。

（4）"应收票据"账户。该账户的性质是资产类用来核算企业销售商品而收到购货单位开出并承兑商业承兑汇票或银行承兑汇票的增减变动及其结余情况。企业收到购货单位开出并承兑的商业汇票表明企业票据应收款的增加，应记入"应收票据"账户的借方；票据到期收回购货单位货款表明企业应收票据款的减少，应记入"应收票据"账户的贷方。期末该账户如有余额应在借方，表示尚未到期的票据应收款项的结余额。该账户不设置明细账户。为了解每张应收票据的结算情况，企业应设置"应收票据备查簿"逐笔登记每张商业汇票的种类、号数和出票日、票面金额、交易合同号和付款人、承兑人、背书人的姓名或单位名称、到期日，背书转让日贴现、日贴现率和贴现净额以及收款日和收回金额，退票情况等资料。商业汇票到期结清票款或退票后在备查簿中注销。

对于正常的销售商品活动，应按照收入确认的条件进行确认和计量，然后对计量的结果进行会计处理。按确认的收入金额与应收取的增值税税额，借记"银行存款""应收账款""应收票据"等账户按确定的收入金额，贷记"主营业务收入"账户按应收取的增值税税额，贷记"应交税费——应交增值税"账户。

增值税销项税额 = 销售货物的不含税售价 × 增值税税率

2. 主营业务成本的核算

企业在销售过程中销售商品，一方面减少库存，另一方面作为取得主营业务收入而垫支的资金表明企业发生了费用，我们把这项费用称为主营业务成本（亦称商品销售成本）。将销售发出的商品成本转为主营业务成本，应遵循配比的要求。不仅主营业务成本的结转应与主营业务收入在同一会计期间加以确认，而且应与主营业务收入在数量上保持一致。主营业务成本的计算确定公式如下：

本期应结转的主营业务成本＝本期销售商品的数量×单位销售商品生产成本

上式中单位商品生产成本的确定应考虑期初库存的商品成本和本期入库的商品成本情况。

可以分别采用先进先出法一次加权平均法和个别计价法等来确定，方法一经确定，不得随意变动。为了核算主营业务成本的发生和结转情况，需要设置"主营业务成本"账户，该账户的性质是损益类，用来核算企业经营主营业务而发生的实际成本及其结转情况，其借方登记主营业务发生的实际成本，贷方登记期末转入"本年利润"账户的主营业务成本。经过结转之后，该账户期末没有余额。"主营业务成本"账户应按照主营业务的种类设置明细账户，进行明细分类核算。

3. 税金及附加的核算

企业在销售商品过程中，实现了商品的销售额就应该向国家税务机关缴纳各种税金及附加，包括消费税、城市维护建设税（简称城建税）、资源税、教育费附加，以及车船税、房产税、城镇土地使用税和印花税等相关税费。这些税金及附加一般是根据有关计税基数按照规定的税率计算缴纳。其中：

应交消费税＝应税消费品的销售额×消费税率

应交城建税＝(应交消费税＋应交增值税)×城建税税费

教育费附加的计算方式与城建税相问，只是比例不同。由于这些税金及附加大多是在当月计算而在下个月缴纳的，因而计算税金及附加时，一方面作为企业发生的一项费用支出，另一方面形成企业的一项负债。为了核算企业销售商品的税金及附加情况，需要设置"税金及附加"账户。该账户的性质是损益类，用来反映企业负担的各种税金及附加的计算及其结转情况。其借方登记按照有关的计税依据计算出的各种税金及附加额，贷方登记期末转入"本年利润"账户的税金及附加额。经过结转之后，该账户期末没有余额。

二、其他业务收支的核算

企业在经营过程中，除了要发生主营业务之外，还会发生一些非经常性的、具有兼营性的其他业务。其他业务（也称附营业务）是指企业在经营过程中发生的除主营业务以外的其他销售业务，包括销售材料、出租包装物、出租固定资产、出租无形资产、出租商品、用材料进行非货币性资产交换或债务重组等活动。对于不同的企业而言，主营业务和其他业务的内容划分并不是绝对的，一个企业的主营业务可能是另一个企业的其他业务，即使在一个企业里，不同期间的主营业务和其他业务的内容也不是固定不变的。由于其他业务不属于企业主要的经营业务范围，按照重要性要求，对其他业务的核算采取比较简单的方法。其他业务收入和支出的确认原则和计量方法与主营业务基本相同，但相对而言，没有主营业务的要求严格。

（一）其他业务收入的核算

关于其他业务的范围前已述及，由于发生其他业务而实现的收入称为其他业务收入。在会计核算过程中，对于其他业务实现的收入是通过"其他业务收入"账户进行核算的，"其他业务收入"账户的性质是损益类，用来核算企业除主营业务以外的其他业务收入的实现及其结转情况。其贷方登记其他业务收入的实现，即增加；借方登记期末转入"本年利润"账户的其他业务收入额，经过结转之后，期末没有余额。本账户应按照其他业务的种类设置明细账户，进行明细分类核算。

（二）其他业务成本的核算

企业在实现其他业务收入的同时，往往还要产生一些其他业务支出及与其他业务有关的成本和费用，包括销售材料的成本、出租固定资产的折旧额、出租无形资产的推销额、出租包装物的成本或推销额等。为了核算这些支出，需要设置"其他业务成本"账户。该账户的性质属于损益类用来核算企业除主营业务以外的其他业务成本的发生及其转销情况。其借方登记其他业务成本包括材料销售成本、提供劳务的成本费用的发生及其他业务成本的增加，贷方登记期末转入"本年利润"账户的其他业务成本额，经过结转后，期末没有余额。本账户应按照其他业务的种类设置明细账户，这里需要注意的是除主营业务活动以外的其他经营活动发生的相关税费，在"税金及附加"账户核算。

第六节　财务成果形成与分配业务的核算

企业作为一个独立的经济实体，其经营活动的主要目的就是要不断提高企业的盈利水平，增强企业的获利能力。利润就是一个反映企业获利能力的综合指标，利润水平的高低不仅反映企业的盈利水平，而且还反映企业向整个社会所做贡献的大小，还是各有关方面对本企业进行财务预测和投资决策的重要依据。

一、财务成果的含义

财务成果是指企业在一定会计期间所实现的最终经营成果，也就是企业所实现的利润或亏损总额。利润是按照配比的要求，将一定时期内存在因果关系的收入与费用进行配比而产生的结果，收入大于费用支出的差额部分为利润，反之则为亏损。利润是综合反映企业在一定时期生产经营成果的重要指标。一个企业的获利与否，不仅关系到企业的稳定发展和职工生活水平的提高问题，而且也会影响到社会的积累与发展，所以企业必须采取一切措施，增收节支，增强企业的盈利能力，提高经济效益。

二、利润的形成与计算

按照我国会计准则及会计制度的规定，制造业企业的利润一般包括营业利润和营业外收支等内容。企业在生产经营过程中通过销售活动将商品卖给购买方，实现收入，扣除当初的投入成本以及其他一系列费用，再加减非经营性质的收支等，就形成了企业的利润或亏损总额。

有关利润指标各个层次的计算公式表达如下：

利润（或亏损）总额 = 营业利润 + 营业外收入 − 营业外支出

上式中的营业利润是企业利润的主要来源，营业利润这一指标能够比较恰当地反映企业管理者的经营业绩。

企业会计核算工作是实现对日常经济业务进行反映与控制，是为企业经营发展提供决策依据的重要手段。随着现代企业制度的建立，越来越多的企业开始重视会计核算在企业发展中的重要性，会计核算工作也由原来简单记录、控制等职能向预测、分析等管理职能转化，不但真实地反映企业一定期间经济业务活动情况，也为企业项目投资、银行融资、预算管理及业务考核等工作提供科学依据。因此，企业应提高会计核算重视程度，加强其在企业管理及发展中的主导地位。

第四章 会计凭证

会计凭证是指记录经济业务发生或者完成情况的书面证明，是登记账簿的依据。每个企业都必须按一定的程序填制和审核会计凭证，根据审核无误的会计凭证进行账簿登记，如实反映企业的经济业务。《会计法》对会计凭证的种类、取得、审核、更正等内容进行了规定。

第一节 会计凭证概述

按编制程序和用途分类，会计凭证按其编制程序和用途的不同，分为原始凭证和记账凭证，前者又称单据，是在经济业务最初发生之时即行填制的原始书面证明，如销货发票、款项收据等；后者又称记账凭单，是以审核无误的原始凭证为依据，按照经济业务事项的内容加以归类，并据以确定会计分录后所填制的会计凭证。它是登入账簿的直接依据，常用的记账凭证有收款凭证、付款凭证、转账凭证等。

一、会计凭证的概念与作用

会计凭证是记录经济业务、明确经济责任、按一定格式编制的据以登记会计账簿的书面证明。记录经济业务的合法性与合理性，保证会计记录的真实性，加强经济责任制。

（一）会计凭证的概念

会计凭证是指记录经济业务的发生和完成情况的书面证明，是登记账簿的依据。企业、事业和机关等单位处理任何一项经济业务，都要办理凭证手续。由执行和完成该项经济业务的有关人员从外单位取得或自行填制有关凭证，以书面的形式反映证明经济业务的发生和完成情况。会计凭证必须载明经济业务的日期、内容、数量和金额，并由有关人员在凭证上签名盖章，以明确当事人的责任，并对会计凭证的真实性和正确性负完全责任。所有会计凭证都要由会计部门审核，只有经过审核无误的会计凭证才能作为登记账簿的依据，从而如实反映企业的经济业务。

（二）会计凭证的作用

填制和审核会计凭证，是会计核算的专门方法之一，也是会计核算工作的起点，对于保证会计资料的真实性和完整性、有效进行会计监督、明确经济责任等都具有重要意义。归纳起来，会计凭证的作用主要如下。

1. 记录经济业务，提供记账依据

任何一笔经济业务的发生，都必须填制或取得会计凭证，在凭证上记录经济业务发生的时间、地点、内容和完成情况，这样，会计凭证一是可以证明企业一定时期内发生的所有经济业务；二是可以为登记账簿提供依据；三是可以为日后对企业经济活动进行分析和检查提供必要的原始资料。

2. 明确经济责任，强化内部控制

任何会计凭证除记录有关经济业务的基本内容外，还必须由有关部门和人员签章，并对会计凭证所记录经济业务的真实性、完整性、合法性负责，以分清责任，强化内部控制，防止舞弊行为的发生。

3. 监督经济活动，控制经济运行

通过会计凭证的审核，可以检查经济业务的发生是否符合有关法规、制度，是否符合业务经营、财务收支的政策、计划和预算的规定，以确保经济业务的合理性、合法性和有效性。监督经济业务的发生和发展，控制经济业务的有效实施，是发挥会计管理职能的重要内容。

二、会计凭证的种类

会计凭证按照填制程序和用途可分为原始凭证和记账凭证。

1. 原始凭证

原始凭证又称单据，是在经济业务发生或完成时取得或填制的，用以记录或证明经济业务的发生或完成情况的原始凭据。

原始凭证是进行会计核算工作的原始资料和重要依据。任何经济业务的发生，都应由有关的经办部门或人员提供该项经济业务发生或完成的书面单据，如购货发票、产品入库单、各种转账结算凭证等。凡是不能证明经济业务的发生或完成情况的各种书面单据均不能作为原始凭证据以记账，如银行对账单、购销合同、材料请购单等。

2. 记账凭证

一个企业的经济业务的种类和数量一般是比较多的，进而导致相应原始凭证的格式和内容也是多样的。格式和内容多样的原始凭证只是记录经济业务的具体内容，不能够让会计信息使用者清晰地了解企业的整体状况，因此，对繁杂的经济业务进行归类、整理，进而填制统一格式的记账凭证是非常必要的。

记账凭证又称记账凭单，是会计人员按照经济业务事项的内容对审核无误的原始凭证加以归类，并据以此确定会计分录后所填制的会计凭证。它是登记账簿的直接依据。

可见，原始凭证是记账凭证的基础，记账凭证是根据原始凭证编制的，原始凭证作为附件附于记账凭证之后，这有利于会计凭证的保管，便于账簿的登记和对账、查账，确保记账工作的质量。

第二节　原始凭证

一、原始凭证的种类

原始凭证可以按照取得来源、格式、填制的手续和内容进行分类。

（一）按取得的来源分类

原始凭证按照取得来源的不同，可分为自制原始凭证和外来原始凭证。

1. 自制原始凭证

自制原始凭证是指由本单位内部经办业务的部门和人员，在执行或完成某项经济业务时所填制的，仅供本单位内部使用的原始凭证。常见的有收料单、领料单、产品入库单、产品出库单、工资结算单、费用报销单、制造费用分配表等。部分自制原始凭证格式如下（见图 4–1 和图 4–2）。

XXX有限公司

领料单

日期：　　　　　　　　　　　　单号：MG

□原材料　　□半成品（头尾料）　　□成品

编　号	品　名	型　号　规　格	单　位	领料数量	实发数量	备　注

①存根　②财务　③保管

审核：　　　　发料：　　　　领料：

QR-WH-001-A/0

图 4–1　领料单

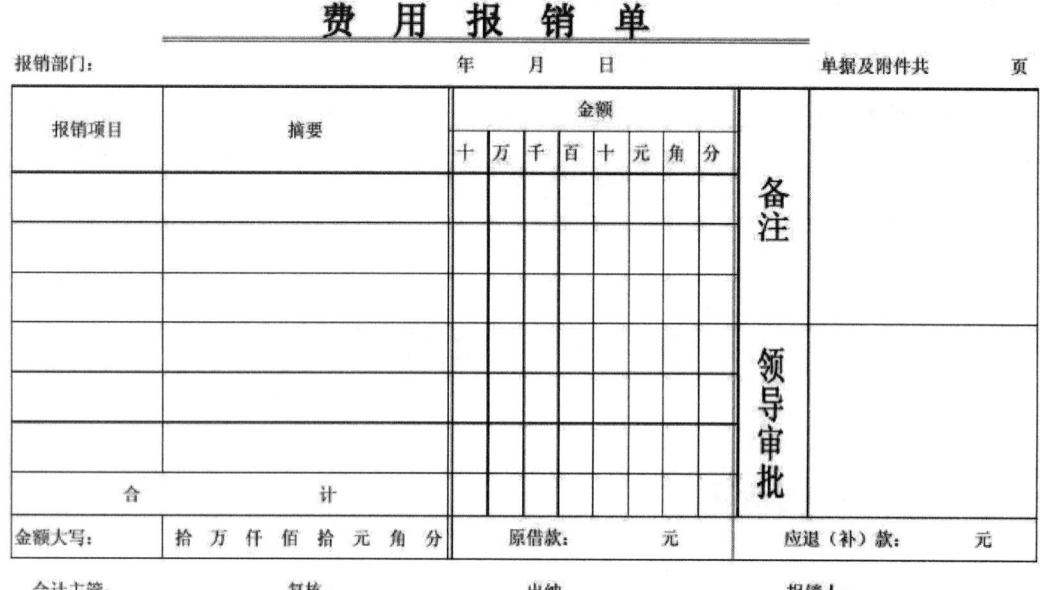

图 4-2 费用报销单

2. 外来原始凭证

外来原始凭证是指在经济业务发生或完成时，从其他单位或个人直接取得的原始凭证。常见的外来原始凭证有购买材料时取得的增值税专用发票、普通发票、银行转来的各种结算凭证、对外支付款项时取得的收据、职工出差取得的飞机票或车船票等。部分外来原始凭证格式如下（见图4-3）。

图 4-3 收款收据

（二）按照格式分类

原始凭证按照格式不同，可分为通用凭证和专用凭证。

1. 通用凭证

通用凭证是指由有关部门统一印制、在一定范围内使用的具有统一格式和使用方法的原始凭证。

2. 专用凭证

专用凭证是指由单位自行印制、仅在本单位内部使用的原始凭证，如工资结算单等。

（三）按填制的手续和内容分类

原始凭证按照填制手续及内容不同，可分为一次凭证、累计凭证和汇总凭证。

1. 一次凭证

一次凭证是指一次填制完成、只记录一笔经济业务且仅一次有效的原始凭证，如收款收据、领料单、收料单、发货票、借款单、银行结算凭证、差旅费报销单等。

2. 累计凭证

累计凭证是指在一定时期内多次记录发生的同类经济业务且多次有效的原始凭证。其优点是可以减少凭证张数，简化填制手续；同时，也可以随时计算累计发生数，以便同计划或定额数量进行比较，反映业务执行或完成的工作总量，便于控制管理。限额领料单就是一种累计凭证，其格式如下（见图4-4）。

材料编号	材料名称	规格	计量单位	领用限额	实际领用			备注
					数量	单位成本	金额	

日期	请领		实发			退回			限额结余
	数量	领料单位	数量	发料人签章	领料人签章	数量	领料人签章	退料人签章	
合计									

图4-4 限额领料单

3. 汇总凭证

汇总凭证是指根据一定时期内反映相同经济业务内容的若干张原始凭证，按照一定标准综合填制的原始凭证。如收料凭证汇总表、工资结算汇总表、发出材料汇总表、差旅费报销单（见图 4–5）。

<table>
<tr><td colspan="17">xx有限公司
差 旅 费 报 销 单</td></tr>
<tr><td colspan="2">部　门</td><td colspan="3"></td><td colspan="2">电　话</td><td colspan="2"></td><td colspan="2" rowspan="2">差　调
事　由</td><td colspan="2" rowspan="2"></td><td colspan="2" rowspan="2">单位领导
审批签字</td><td colspan="2" rowspan="2"></td></tr>
<tr><td colspan="2">姓　名</td><td colspan="3"></td><td colspan="2">职　务</td><td colspan="2"></td></tr>
<tr><td colspan="11">起 讫 日 期 及 地 点</td><td colspan="2" rowspan="2">报 销 旅 费 数</td><td rowspan="2">单据号数</td><td rowspan="2">原借支</td><td>日 期</td><td></td></tr>
<tr><td>月</td><td>日</td><td>时</td><td>起程地点</td><td>月</td><td>日</td><td>时</td><td>到达地点</td><td>交通工具</td><td>天数</td><td>票价</td><td>金 额</td><td></td></tr>
<tr><td></td><td></td><td></td><td></td><td></td><td></td><td></td><td></td><td></td><td></td><td></td><td>车 船 费</td><td>0.00</td><td></td><td colspan="2">核 销 旅 费 数</td><td>0.00</td></tr>
<tr><td></td><td></td><td></td><td></td><td></td><td></td><td></td><td></td><td></td><td></td><td></td><td>途中膳补费</td><td></td><td></td><td colspan="2">应 交 回 数</td><td></td></tr>
<tr><td></td><td></td><td></td><td></td><td></td><td></td><td></td><td></td><td></td><td></td><td></td><td>住 勤 费</td><td></td><td></td><td colspan="2">应 补 发 数</td><td></td></tr>
<tr><td></td><td></td><td></td><td></td><td></td><td></td><td></td><td></td><td></td><td></td><td></td><td>宿 费</td><td></td><td></td><td colspan="2">(缴/收)款人签章</td><td></td></tr>
<tr><td></td><td></td><td></td><td></td><td></td><td></td><td></td><td></td><td></td><td></td><td></td><td>市 内 车 费</td><td></td><td></td><td colspan="3" rowspan="4">备注</td></tr>
<tr><td></td><td></td><td></td><td></td><td></td><td></td><td></td><td></td><td></td><td></td><td></td><td></td><td></td><td></td></tr>
<tr><td></td><td></td><td></td><td></td><td></td><td></td><td></td><td></td><td></td><td></td><td></td><td>杂 费</td><td></td><td></td></tr>
<tr><td></td><td></td><td></td><td></td><td></td><td></td><td></td><td></td><td></td><td></td><td></td><td>合 计</td><td>0.00</td><td></td></tr>
<tr><td colspan="9">出纳</td><td colspan="8">审核</td></tr>
</table>

图 4–5　差旅费报销单

二、原始凭证的基本内容

原始凭证的格式和内容因经济业务和经营管理的不同而有所差异，但应当具备以下基本内容，通常称为原始凭证要素：

1. 原始凭证的名称；

2. 填制凭证的日期；

3. 填制凭证的单位名称或者填制人姓名；

4. 经办人员的签名或签章；

5. 接受凭证的单位名称；

6. 经济业务内容；

7. 数量、单价、金额。

三、原始凭证的填制要求

原始凭证是经济业务发生的原始证明，是具有法律效力的证明文件。正确填制原始凭证，是保证会计信息真实完整的基本前提。

（一）原始凭证填制的基本要求

原始凭证的种类不同，其具体填制方法和填制要求也不尽一致，但都应按下列要求填制。

1. 记录要真实

原始凭证所填列的经济业务内容和数字必须真实可靠，符合实际情况。

2.内容要完整

原始凭证中规定填列的项目必须逐项填列齐全，不能遗漏和省略。需要注意的是：年、月、日要按照填制原始凭证的实际日期填写；名称要齐全，不能简化；品名或用途要填写明确，不能含糊不清；有关人员的签章必须齐全。

3.手续要完备

单位自制的原始凭证必须有经办单位领导或者其他指定人员的签名盖章；对外开出的原始凭证必须加盖本单位公章；从外部取得的原始凭证，必须盖有填制单位的公章；从个人取得的原始凭证，必须有填制人员的签名盖章。

4.书写要清楚、规范

原始凭证要按规定填写，文字要简要，字迹要清楚，易于辨认。

5.编号要连续

各种原始凭证都必须连续编号，以备查考。如果原始凭证已预先印定编号，在写坏作废时，应加盖"作废"戳记并妥善保管，不得撕毁。

6.不得涂改、刮擦、挖补

原始凭证有错误的，应当由出具单位重开或更正，更正处应当加盖出具单位印章，不得随意涂改、刮擦或挖补。原始凭证金额有错误的，应当由出具单位重开，不得在原始凭证上更正。

7.填制要及时

各种原始凭证应及时填写，并按规定的程序及时送交会计机构、会计人员进行审核，不得任意拖延或隔时补填。

（二）自制原始凭证的填制要求

1.一次凭证的填制

一次凭证应在经济业务发生或完成时，由相关业务人员一次填制完成。该凭证往往只能反映一项经济业务，或者同时反映若干项同一性质的经济业务。如购货发票、销货发票、收据、借款单、领料单等。一次凭证是一次有效的凭证。

2.累计凭证的填制

累计凭证应在每次经济业务完成后，由相关人员在同一张凭证上重复填制完成，该凭证能在一定时期内不断重复地反映同类经济业务的完成情况。其填制特点是在一张凭证内可以连续登记相同性质的经济业务，随时结出累计数及结余数，并按照费用限额进行费用控制，期末按实际发生额记账。累计凭证的填制手续不是一次完成的，而是在规定时期内把同类经济业务在一张凭证中连续按行记载，直到期末求出总数以后，才作为记账的原始依据。累计凭证是多次有效的原始凭证，限额领料单就是一种最具代表性的累计凭证。

3. 汇总凭证的填制

汇总凭证应由相关人员在汇总一定时期内反映同类经济业务的原始凭证后填制完成。该凭证只能汇总类型相同的经济业务，不能汇总两类或两类以上的经济业务，如发出材料汇总表、工资结算汇总表等。

（三）外来原始凭证的填制要求

外来原始凭证应在企业同外单位发生经济业务时，由外单位的相关人员填制完成。外来原始凭证一般由税务局等部门统一印制，或经税务部门批准由经营单位印制，在填制时加盖出具凭证单位公章方为有效。对于一式多联的原始凭证必须用复写纸套写或打印机套打。

四、原始凭证的审核

根据有关规定：会计机构、会计人员必须按照国家统一的会计制度的规定对原始凭证进行审核，对不真实、不合法的原始凭证有权不予接受，并向单位负责人报告；对记载不准确、不完整的原始凭证予以退回，并要求按照国家统一的会计制度的规定更正、补充。这条规定为会计人员审核原始凭证提供了法律上的依据。

为了如实反映经济业务的发生和完成情况，充分发挥会计的监督职能，保证会计信息的真实、合法、完整和准确，会计人员必须对原始凭证进行严格审核。审核的内容主要包括以下几点。

1. 审核原始凭证的真实性

审核原始凭证的真实性，是指审核原始凭证所记载的经济业务是否与实际发生的经济业务情况相符合，以及原始凭证本身是否真实。审核的内容包括：凭证日期、业务、各项数据等内容是否真实；对外来原始凭证，必须有填制单位公章和填制人员签章；对自制原始凭证必须有经办部门和经办人员的签名或盖章。此外，对通用原始凭证，还应审核凭证本身的真实性，以防假冒。

2. 审核原始凭证的合法性

审核原始凭证的合法性是指审核原始凭证所反映的经济业务是否符合国家法律法规、方针政策、财务制度和计划、预算的规定，成本费用开支的范围、标准是否按规定执行，有无违反制度规定报销的情况，各项支出是否符合增收节支、增产节约、提高经济效益的原则，有无铺张浪费现象等。

3.审核原始凭证的合理性

审核原始凭证的合理性是指审核原始凭证所记录的经济业务是否符合企业生产经营活动的需要，是否符合有关计划和预算等。如经审核原始凭证后确定有使用预算结余购买不需要的物品，有对陈旧过时的设备进行大修理等违反原则的情况，则不能将其作为合理的原始凭证。

4.审核原始凭证的完整性

审核原始凭证的完整性是指审核原始凭证填制的内容是否完整，有关手续是否齐全，有无遗漏的项目，文字和数字是否书写清楚，数量、单价、金额在计算上是否正确，大写与小写金额是否相符，凭证格式及填写方法是否规范，单位公章或财务专用章、税务专用章以及有关人员的签字盖章是否具备，须经政府有关部门或领导批准的经济业务其审批手续是否按规定履行等。

5.审核原始凭证的正确性

审核原始凭证的正确性是指审核原始凭证各项金额的计算及填写是否正确。凭证中有书写错误的，应采用正确的方法更正，不能采用刮擦、挖补、涂改等不正确方法。

6.审核原始凭证的及时性

审核原始凭证的及时性是指审核原始凭证是否在经济业务发生或完成时及时填制和传递。审核原始凭证时应注意审核凭证的填制日期，尤其是支票、银行汇票、银行本票等时效性较强的原始凭证。

经审核的原始凭证，应根据不同情况进行处理：对于完全符合要求的原始凭证，应及时据以编制记账凭证入账；对于真实、合法、合理但内容不够完整、填写有错误、手续不完备以及情况不清楚的原始凭证，应退还给有关业务单位或人员，并令其补办手续或进行更正，再办理正式会计手续；对于不真实、不合法的原始凭证，会计机构、会计人员有权不予接收，并向单位负责人报告。

第三节 记账凭证

一、记账凭证的种类

记账凭证可按不同的标准进行分类，按照用途可分为专用记账凭证和通用记账凭证；按照填列方式可分为单式记账凭证和复式记账凭证。

（一）按凭证的用途分类

1. 专用记账凭证

专用记账凭证是指分类反映经济业务的记账凭证，按其反映的经济业务内容，可分为收款凭证、付款凭证和转账凭证。

（1）收款凭证

收款凭证是用于记录库存现金和银行存款收款业务的记账凭证。它是登记库存现金和银行存款日记账及有关明细账的依据，也是出纳人员收款的证明。在借贷记账法下，收款凭证左上方所填列的借方科目（见图 4–6），即“库存现金”或银行存款”科目。

收 款 凭 证

NO.2020001

交款人（单位）：________________

收款事项：________________

收款金额：________________

大写金额：________________

收款人（单位）：　　　　交款人（单位）：

年　月　日　　　　年　月　日

图 4–6　收款凭证

（2）付款凭证

付款凭证是指用于记录库存现金和银行存款付款业务的记账凭证。它是登记库存现金和银行存款日记账及有关明细账的依据，也是出纳人员付出款项的证明。

在借贷记账法下，付款凭证左上方所填列的贷方科目（见图 4–7），即“库存现金”或“银行存款”科目。

付·款·申·请·单

部门：　　　　日期：···年··月··日　　　　编号：1234567890

收款单位		项目名称	
开户银行		合同编号	
收款账号		合同金额	
税····号		累计已支付金额	
付款项目及摘要		付款金额	付款方式： □转账·····□支票····□现金 □电汇·····□承兑····□微信 □支付宝···□其他：·········
			备注：
金额合计：人民币（大写）···佰··拾··万··仟··佰··拾··元··角··分整······¥：·····················			
领导审批：	分管领导：	财务主管：	部门主管：

财务审核：····················出纳：·························经办人：·························领款人：

图 4–7　付款凭证

（3）转账凭证

转账凭证是指用于记录不涉及库存现金和银行存款业务的记账凭证（见图4-8）。它是根据有关转账业务的原始凭证填制的，是登记有关账簿的依据。

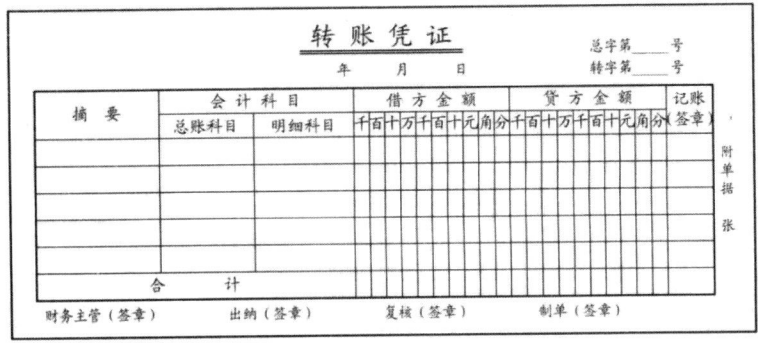

图4-8 转账凭证

2.通用记账凭证

上述收款凭证、付款凭证和转账凭证，统称为专用记账凭证。有些经济业务比较简单或收付款业务不多的单位，可以使用一种通用格式的记账凭证。通用记账凭证是指用来反映所有经济业务的记账凭证，为各类经济业务所共同使用，其格式通常与转账凭证的格式基本相同（见图4-9）。这种记账凭证既可以用于反映收付款业务，又可用于反映转账业务，称为通用凭证。

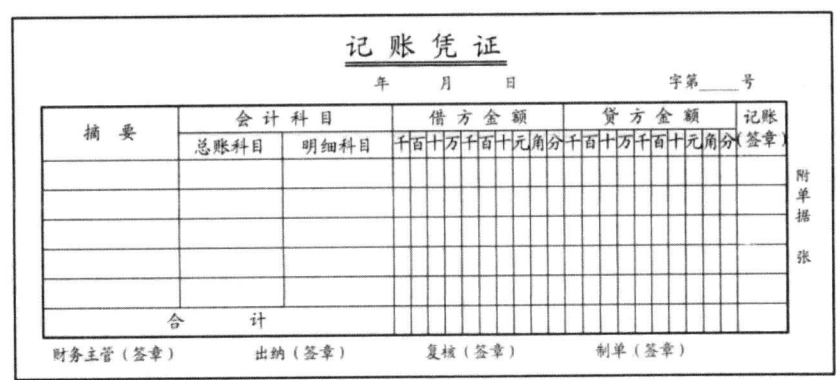

图4-9 通用记账凭证

（二）按凭证的填列方式分类

1.单式记账凭证

单式记账凭证是指只填列经济业务所涉及的一个会计科目及其金额的记账凭证。一笔经济业务涉及几个会计科目，就填制几张凭证。填列借方科目的称为借项记账凭证，填列贷方科目的称为贷项记账凭证。其优点是内容单一，便于分工记账和编制科目汇总表；缺点是一张凭证不能反映一项经济业务的全貌，内容分散，也不便于查账。单式记账凭证的格式如下（见图4-10和图4-11）。

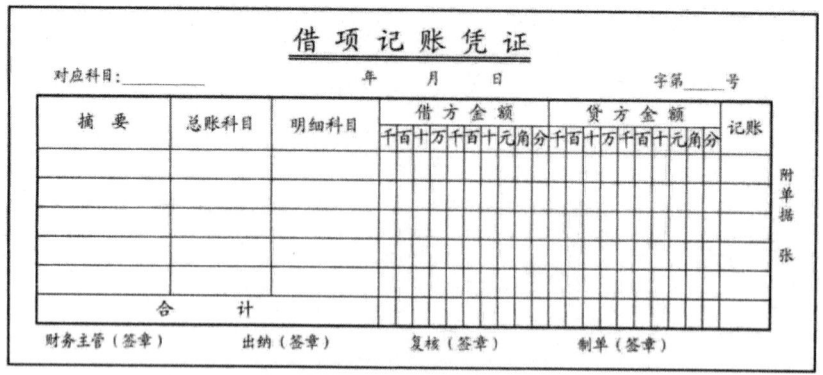

图4-10 借项记账凭证

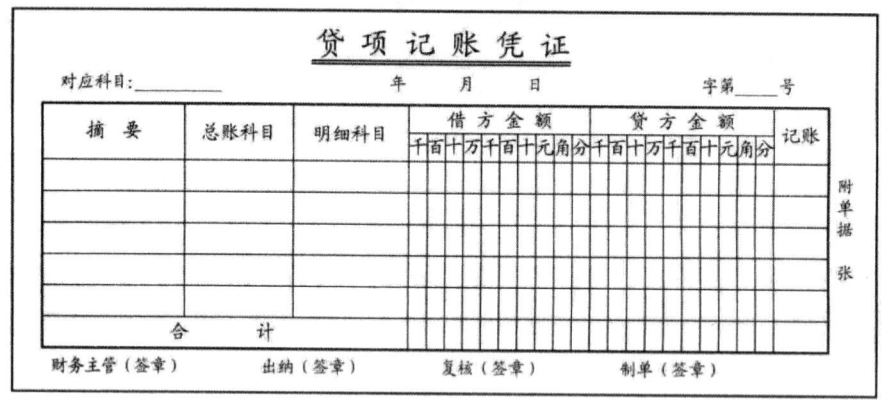

图4-11 贷项记账凭证

2.复式记账凭证

复式记账凭证是指将每一笔经济业务事项所涉及的全部会计科目及其发生额均在同一张记账凭证中反映的一种凭证。其优点是能够全面反映经济业务的账户对应关系，便于了解有关经济业务的全貌和资金的来龙去脉，有利于检查会计分录的正确性，减少凭证张数；缺点是不便于分工记账和编制科目汇总表。复式记账凭证是实际工作中应用最普遍的记账凭证，包括收款凭证、付款凭证和转账凭证。

二、记账凭证的基本内容

记账凭证是登记账簿的依据，因其所反映经济业务的内容不同、各单位规模大小及其对会计核算繁简程度的要求不同，其内容有所差异，但均应当具备以下基本内容：

1.填制凭证的日期；

2.凭证编号；

3. 经济业务摘要；

4. 会计科目；

5. 金额；

6. 所附原始凭证张数；

7. 填制凭证人员、稽核人员、记账人员、会计机构负责人、会计主管人员签名或者盖章。

收款和付款记账凭证还应当由出纳人员签名或者盖章。以自制的原始凭证或者原始凭证汇、总表代替记账凭证的，也必须具备记账凭证应有的项目。

三、记账凭证的审核

记账凭证是登记账簿的直接依据，其正确性对会计信息质量有着重大的影响。记账凭证填制完成后，必须由会计主管或其他指定人员进行严格的审核，只有经过审核无误的记账凭证，才能据以登记账簿。记账凭证的审核内容包括如下几点。

1. 内容是否真实

对记账凭证内容是否真实的审核，即审核记账凭证是否附有原始凭证；记账凭证记录的内容与所附原始凭证是否一致，金额是否相等；记账凭证所列附件张数与所附原始凭证的张数是否相符。

2. 项目是否齐全

对记账凭证项目是否齐全的审核，即审核记账凭证摘要是否填写清楚，日期、凭证编号、附件张数以及有关人员签章等各个项目填写是否齐全。

3. 科目是否正确

对记账凭证科目是否正确的审核，即审核记账凭证上应借应贷的会计科目（包括明细科目）对应关系是否清晰，所使用的会计科目是否符合国家统一的会计制度的规定。

4. 金额是否正确

对记账凭证金额是否正确的审核，即审核记账凭证记录的金额与原始凭证的有关金额是否一致；借贷双方的金额合计是否平衡；明细科目金额之和与相应的总账科目的金额是否相等。

5. 书写是否正确

对记账凭证书写是否正确的审核，即审核记账凭证中记录文字是否工整，数字是否清晰，小写金额是否符合规定的书写方式等。

6.手续是否完备

对记账凭证手续是否完备的审核，即审核出纳人员在办理收款或付款业务后，是否在原始凭证上加盖"收讫"或"付讫"的戳记。

在审核过程中，如果发现差错，应及时查明原因，并按规定办法及时处理和更正，只有经过审核无误的记账凭证，才能据以登记账簿。如果发现尚未入账的错误记账凭证，应当重新填制。

第四节 会计凭证的传递和保管

一、会计凭证的传递

会计凭证的传递是指会计凭证从取得或填制时起至归档保管过程中，在单位内部各有关部门和人员之间的传送程序。会计凭证的传递，应当遵守内部控制制度的规定，以使传递程序合理有效，同时，尽量节约传递时间，减少传递的工作量。各单位应根据具体情况确定每一种会计凭证的传递程序和方法。

各单位应制定合理的凭证传递程序和方法。会计凭证的传递一般包括传递程序、传递时间和传递过程三个方面。

1.凭证传递程序

各单位应根据经济业务的特点、单位内部机构的设置和岗位分工情况以及管理要求等，具体规定各种凭证的联数和传递流程，使有关部门既能按规定手续处理业务，又能利用凭证资料掌握情况、提供数据、相互协调。同时，还要注意流程合理，避免不必要的环节，以加快传递速度。

2.凭证传递时间

各单位应明确规定各种凭证在各个环节停留的最长时间，以防相关部门或人员拖延和积压会计凭证，进而影响会计工作的正常秩序。一切会计凭证的传递和处理，都应在报告期内完成，不允许跨期。否则，将影响会计核算的准确性和及时性。

3.凭证传递过程

会计凭证传递过程中的衔接手续，应当做到既完备严密，又简便易行。这要求凭证的签发、交接应有一定的制度保障，以确保会计凭证的安全和完整。

会计凭证的传递程序、传递时间和衔接手续明确后，可制成凭证流转图，制定凭证传递程序表，规定凭证传递的路线、环节，在各环节上的时间、处理内容及交接手续，以使凭证传递工作有条不紊、迅速有效地进行。

二、会计凭证的保管

会计凭证的保管是指会计凭证记账后的整理、装订、归档和存查工作。会计凭证作为记账依据，是重要的会计档案和经济资料。本单位以及其他有关单位可能因为各种需要查阅会计凭证，特别是发生贪污、盗窃、违法乱纪行为时，会计凭证是依法处理的有效证据。因此，任何单位在完成经济业务手续和记账后，必须将会计凭证按立卷归档制度形成会计档案资料，妥善保管，防止丢失，不得任意销毁，以便日后随时查阅。

会计凭证的保管要求主要有以下几点。

1. 会计凭证应定期装订成册，防止散失。会计部门在依据会计凭证记账以后，应定期（每天、每旬或每月）对各种会计凭证进行分类整理，将各种记账凭证按照编号顺序，连同所附的原始凭证一起加具封面和封底，装订成册，并在装订线上加贴封签，由装订人员在装订线封签处签名或盖章。

从外单位取得的原始凭证遗失时，应取得原签发单位盖有公章的证明，并注明原始凭证的号码、金额、内容等，由经办单位会计机构负责人（会计主管人员）和单位负责人批准后，才能代作原始凭证。若确实无法取得证明的，如车票丢失，则应由当事人写明详细情况，由经办单位会计机构负责人（会计主管人员）和单位负责人批准后，代作原始凭证。

2. 会计凭证封面应注明单位名称、凭证种类、凭证张数、起止号数、年度、月份、会计主管人员和装订人员信息等有关事项，会计主管人员和保管人员应在封面上签章。

3. 会计凭证应加贴封条，防止抽换凭证。原始凭证不得外借，其他单位如有特殊原因确实需要使用时，经本单位会计机构负责人（会计主管人员）批准，可以复制。向外单位提供的原始凭证复制件，应在专设的登记簿上登记，并由提供人员和收取人员共同签名、盖章。

4. 原始凭证较多时，可单独装订，但应在凭证封面注明所属记账凭证的日期、编号和种类，同时，在所属的记账凭证上注明"附件另订"及原始凭证的名称和编号，以便查阅。对各种重要的原始凭证，如押金收据、提货单等，以及各种需要随时查阅和退回的单据，应另编目录，单独保管，并在有关的记账凭证和原始凭证上分别注明日期和编号。

5. 每年装订成册的会计凭证，在年度终了时可暂由单位会计机构保管一年，期满后应当移交本单位档案机构统一保管；未设立档案机构的，应当在会计机构内部指定专人保管。出纳人员不得兼管会计档案。

6.严格遵守会计凭证的保管期限要求，期满前不得任意销毁。会计凭证是记账的依据，在会计审核中取得或填制会计凭证，是每一笔经济业务财务处理的基础，将经济业务真实地记录下来，再经过严格审核，然后根据审核无误的会计凭证登记账簿。这样就使企业发生的各种经济业务，通过一张张会计凭证正确、及时地反映出来，并为登记账簿提供可靠的依据，也为今后检查和分析经济活动提供原始资料。总之，会计凭证是会计核算的基础，只有以正确合格的会计凭证为依据，才能及时反映每一项经济业务的内容，监督日常经济业务，加强经济责任制，才能发挥会计在经济管理中的作用。

第五章 财务会计报告

财务会计报告是企业向财务会计报告使用者提供与企业财务状况、经营成果和现金流量等有关会计信息，反映企业管理层受托责任履行情况的书面报告。

第一节 财务报表概述

财务会计报告是指单位会计部门根据经过审核的会计账簿记录和有关资料，编制并对外提供的反映单位某一特定日期财务状况和某一会计期间经营成果、现金流量及所有者权益等会计信息的总结性书面文件。

一、财务报表的概念与分类

（一）财务报表的概念

财务报表是对企业财务状况、经营成果和现金流量的结构性表述。

一套完整的财务报表至少应当包括资产负债表、利润表、现金流量表、所有者权益（或股东权益）变动表以及附注。财务报表上述组成部分具有同等的重要程度。

资产负债表、利润表和现金流量表分别从不同的角度反映企业的财务状况、经营成果和现金流量情况。资产负债表是反映企业在某一特定日期财务状况的报表；利润表是反映企业在一定会计期间经营成果的报表；现金流量表是反映企业在一定会计期间现金和现金等价物流入和流出情况的报表。

所有者权益变动表是反映组成所有者权益的各组成部分当期的增减变动情况的报表。

附注是财务报表不可或缺的组成部分，是对在资产负债表、利润表、现金流量表和所有者权益变动表等报表中列示的文字描述或明细资料，以及对未能在这些报表中列示项目的说明等。

企业编制财务报表的目标，是向财务报表使用者提供与企业财务状况、经营成果和现金流量等有关的会计信息，反映企业管理层受托责任的履行情况，有助于财务报表使用者做出经济决策。财务报表使用者通常包括投资者、债权人、政府及其有关部门和社会公众等。

（二）财务报表的分类

财务报表可以按照不同的标准进行分类。

1. 按财务报表编报期间的不同，可以分为中期财务报表和年度财务报表年度财务报表简称年报，是企业的年度决算报表。主要包括资产负债表、利润表、现金流量表、所有者权益变动表以及附注。

中期财务报表是以短于一个完整会计年度的报告期间为基础编制的财务报表，包括月报、季报和半年报等。中期财务报表至少应当包括资产负债表，利润表、现金流量表和附注，其中，中期资产负债表、利润表、现金流量表应当是完整报表，其格式和内容应当与年度财务报表相一致，但与年度财务报表相比，中期财务报表中的附注披露可适当简略。

2. 按财务报表反映财务活动方式的不同，可以分为静态财务报表和动态财务报表

静态财务报表指反映企业特定时点上有关资产、负债和所有者权益情况的财务报表，一般应根据各个账户的"期末余额"填列，如资产负债表、动态财务报表指反映企业一定时期内资金耗费和收回情况以及经营成果等情况的财务报表；一般应根据有关账户的"发生额"填列，如利润表、现金流量表和所有者权益变动表。

3. 按财务报表的报送对象不同，分为对外财务报表和对内财务报表

对外财务报表是指企业为满足外部会计信息使用者的需要而定期对外报送的财务报表。我国企业会计制度规定，企业对外报送的财务报表包括资产负债表、利润表、现金流量表、所有者权益变动表、分部报表和报表附注。对外财务报表是按企业会计准则的要求编制的，有统一的格式和指标体系；对内财务报表，又称为管理报表，是为了适应企业内部经营管理的需要，自行设计、编制的报表，没有统一规定的格式和指标体系。

4. 按财务报表编报主体的不同，可以分为个别财务报表和合并财务报表个别财务报表是独立核算的企业用来反映其自身财务状况、经营活动和现金流量情况的财务报表。

合并财务报表则是指由母公司编制的，以母公司和子公司组成的企业集团为会计主体，反映整个企业集团财务状况、经营活动和现金流量情况的财务报表。

二、财务报表编制的基本要求

（一）以持续经营为基础编制

企业应当以持续经营为基础，根据实际发生的交易和事项，按照准则和规定进行确认和计量，在此基础上编制财务报表。以持续经营为基础编制财务报表不再合理，企业

应当采用其他基础编制财务报表，并在附注中声明财务报表未以持续经营为基础编制的事实、披露未以持续经营为基础编制的原因和财务报表的编制基础。

（二）采用正确的会计基础

除现金流量表按照收付实现制原则编制外，企业应当按照权责发生制原则编制财务报表。

（三）至少按年编制财务报表

企业至少应当按年编制财务报表。年度财务报表涵盖的期间短于一年的，应当披露年度财务报表的涵盖期间、短于一年的原因以及报表数据不具可比性的事实。

（四）项目列报遵守重要性原则

重要性，是指在合理预期下，财务报表某项目的省略或错报会影响使用者据此做出经济决策的，该项目具有重要性。重要性应当根据企业所处的具体环境，从项目的性质和金额两方面予以判断，且对各项目重要性的判断标准一经确定，不得随意变更。判断项目性质的重要性，应当考虑该项目在性质上是否属于企业日常活动、是否显著影响企业的财务状况、经营成果和现金流量等因素；判断项目金额大小的重要性，应当考虑该项目金额占资产总额、负债总额、所有者权益总额、营业收入总额、营业成本总额、净利润、综合收益总额等直接相关项目金额的比重或所属报表单列项目金额的比重。

性质或功能不同的项目，应当在财务报表中单独列报，但不具有重要性的项目除外。

性质或功能类似的项目，其所属类别具有重要性的，应当按其类别在财务报表中单独列报。某些项目的重要性程度不足以在资产负债表、利润表、现金流量表或所有者权益变动表中单独列示，但对附注具有重要性，则应当在附注中单独披露。

（五）保持各个会计期间财务报表项目列报的一致性

财务报表项目的列报应当在各个会计期间保持一致，除会计准则要求改变财务报表项目的列报或企业经营业务的性质发生重大变化后，变更财务报表项目的列报能够提供更可靠、更相关的会计信息外，不得随意变更。

（六）各项目之间的金额不得相互抵消

财务报表中的资产项目和负债项目的金额、收入项目和费用项目的金额、直接计入当期利润的利得项目和损失项目的金额不得相互抵销，但其他会计准则另有规定的除外。

一组类似交易形成的利得和损失应当以净额列示，但具有重要性的除外。

资产或负债项目按扣除备抵项目后的净额列示，不属于抵消。

非日常活动产生的利得和损失，以同一交易形成的收益扣减相关费用后的净额列示更能反映交易实质的，不属于抵消。

（七）至少应当提供所有列报项目上一个可比会计期间的比较数据

当期财务报表的列报，至少应当提供所有列报项目上一个可比会计期间的比较数据，以及与理解当期财务报表相关的说明，会计准则另有规定的除外。

财务报表的列报项目发生变更的，应当至少对可比期间数据按照当期的列报要求进行调整，并在附注中披露调整的原因和性质，以及调整的各项目金额。对可比数据进行调整不切实可行的，应当在附注中披露不能调整的原因。

（八）应当在财务报表的显著位置披露编报企业的名称等重要信息

企业应当在财务报表的显著位置（如表首）至少披露下列各项：

1. 编报企业的名称；

2. 资产负债表日或财务报表涵盖的会计期间；

3. 人民币金额单位；

4. 财务报表是合并财务报表的，应当予以标明。

三、财务报表编制前的准备工作

在编制财务报表前，需要完成下列工作。

1. 严格审核会计账簿的记录和有关资料。

2. 进行全面财产清查、核实债务，发现有问题，应及时查明原因，按规定程序报批后，进行相应的会计处理。

3. 按规定的结账日结账，结出有关会计账簿的余额和发生额，并核对各会计账簿之间的余额。

4. 检查相关的会计核算是否按照国家统一的会计制度的规定进行。

5. 检查是否存在因会计差错、会计政策变更等原因需要调整前期或本期相关项目的情况等。

第二节 资产负债表

一、资产负债表的概念与作用

（一）资产负债表的概念

资产负债表是反映企业在某一特定且定期的财务状况的报表。

资产负债表是根据"资产＝负债＋所有者权益"这一会计恒等式，按照一定的分类标准和一定的顺序，把企业在特定日期的资产、负债、所有者权益等项目予以适当编排，并对日常工作中形成的大量数据进行高度浓缩整理后编制而成的。资产负债表主要反映资产、负债和所有者权益三方面的内容，并满足"资产＝负债＋所有者权益"平衡式。

1. 资产

资产，反映由过去的交易或事项形成并由企业在某一特定日期所拥有或控制的，预期会给企业带来经济利益的资源。资产应当按照流动资产和非流动资产两大类别在资产负债表中列示，在流动资产和非流动资产类别下进一步按性质分项列示。

流动资产是指预计在一个正常营业周期中变现、出售或耗用，或者主要为交易目的而持有，或者预计在资产负债表日起一年内（含一年）变现的资产，或者自资产负债表日起一年内交换其他资产或清偿负债的能力不受限制的现金或现金等价物。资产负债表中列示的流动资产项目通常包括货币资金、交易性金融资产、应收票据、应收账款、预付款项、应收利息、应收股利、其他应收款、存货和一年内到期的非流动资产等。

非流动资产是指流动资产以外的资产。资产负债表中列示的非流动资产项目通常包括长期股权投资、固定资产、在建工程、工程物资、固定资产清理、无形资产、开发支出、长期待摊费用以及其他非流动资产等。

2. 负债

负债，反映在某一特定日期企业所承担的、预期会导致经济利益流出企业的现时义务。负债应当按照流动负债和非流动负债在资产负债表中进行列示，在流动负债和非流动负债类别下再进一步按性质分项列示。

流动负债是指预计在一个正常营业周期中清偿，或者主要为交易目的而持有，或者自资产负债表日起一年内（含一年）到期应予以清偿，或者企业无权自主地将清偿推迟至资产负债表日后一年以上的负债。资产负债表中列示的流动负债项目通常包括短期借款、应付票据、应付账款、预收款项、应付职工薪酬、应交税费、应付利息、应付股利、其他应付款、一年内到期的非流动负债等。非流动负债是指流动负债以外的负债，非流动负债项目通常包括长期借款、应付债券和其他非流动负债等。

3. 所有者权益

所有者权益，是企业资产扣除负债后的剩余权益，反映企业在某一特定日期股东（投资者）拥有的净资产的总额，一般按照实收资本、资本公积、其他综合收益、盈余公积和未分配利润分项列示。

（二）资产负债表的作用

资产负债表主要有以下作用。

1.可以提供某一日期资产的总额及其结构,表明企业拥有或控制的资源及其分布情况。

2.可以提供某一日期的负债总额及其结构,表明企业未来需要用多少资产或劳务清偿债务以及清偿时间。

3.可以反映所有者所拥有的权益,据以判断资本保值、增值的情况以及对负债的保障程度。

资产负债表集中反映了企业在该特定日期所拥有或控制的经济资源、所承担的经济义务和所有者对净资产的要求权。资产负债表是企业的主要财务报表之每个独立核算的企业都必须按期编制资产负债表。

二、资产负债表的列示要求

（一）资产负债表列报总体要求

1.分类别列报

资产负债表应当按照资产、负债和所有者权益三大类别分类列报。

2.资产和负债按流动性列报

资产和负债应当按照流动性分别分为流动资产和非流动资产、流动负债和非流动负债列示。

3.列报相关的合计、总计项目

资产负债表中的资产类至少应当列示流动资产和非流动资产的合计项目；负债类至少应当列示流动负债、非流动负债以及负债的合计项目；所有者权益类应当列示所有者权益的合计项目。

资产负债表应当分别列示资产总计项目和负债与所有者权益之和的总计项目,并且这二者的金额应当相等。

（二）资产的列报

资产负债表中的资产类至少应当单独列示反映下列信息的项目：

1.货币资金；

2.以公允价值计量且其变动计入当期损益的金融资产；

3.应收款项；

4.预付款项；

5.存货；

6. 被划分为持有待售的非流动资产及被划分为持有待售的处置组中的资产；

7. 可供出售金融资产；

8. 持有至到期投资；

9. 长期股权投资；

10. 投资性房地产；

11. 固定资产；

12. 生物资产；

13. 无形资产；

14. 递延所得税资产。

（三）负债的列报

资产负债表中的负债类至少应当单独列示反映下列信息的项目：

1. 短期借款；

2. 以公允价值计量且其变动计入当期损益的金融负债；

3. 应付款项；

4. 预收款项；

5. 应付职工薪酬；

6. 应交税费；

7. 被划分为持有待售的处置组中的负债；

8. 长期借款；

9. 应付债券；

10. 长期应付款；

11. 预计负债。

（四）所有者权益的列报

资产负债表中的所有者权益类至少应当单独列示反映下列信息的项目：

1. 实收资本（或股本）；

2. 资本公积；

3. 盈余公积；

4. 未分配利润。

第三节 利润表

一、利润表的概念与作用

利润表是反映企业在一定会计期间的经营成果的报表。

通过利润表,可以反映企业在一定会计期间收入、费用、利润(或亏损)的数额和构成情况,帮助财务报表使用者全面了解企业的经营成果,分析企业的获利能力及盈利增长趋势,从而为其做出经济决策提供依据。利润表的作用主要有:

1. 反映一定会计期间收入的实现情况;
2. 反映一定会计期间的费用耗费情况;
3. 反映企业经济活动成果的实现情况,据以判断资本保值增值等情况。

二、利润表的列示要求

利润表列示的基本要求如下。

1. 企业在利润表中应当对费用按照功能分类,分为从事经营业务发生的成本、管理费用、销售费用和财务费用等。

2. 利润表至少应当单独列示反映下列信息的项目,但其他会计准则另有规定的除外:

(1)营业收入;

(2)营业成本;

(3)营业税金及附加;

(4)管理费用。

财务报告是财务人员利用财务报表数据、管理报表数据及其他相关资料结合公司实际情况,按照公司相关管理要求进行及时的分析、处理、整合,形成书面报告,即财务报告。最后将财务报告提交给管理者,为管理者全面系统地揭示企业一定时期的财务状况、经营和现金流量,有利于经营管理人员者了解本单位各项任务指标的完成情况,评价管理人员的经营业绩,以便及时发现问题,调整经营方向,制定措施改善经营管理水平,提高经济效益,为经济预测和决策提供依据。

第六章 财务管理总论

财务管理是在一定的整体目标下，对资产的购置（投资）、资本的融通（筹资）和经营中现金流量（营运资金），以及利润分配的管理。财务管理是企业管理的一个组成部分，它是根据财经法规制度，按照财务管理的原则，组织企业财务活动，处理财务关系的一项经济管理工作。简单地说，财务管理是组织企业财务活动、处理财务关系的一项经济管理工作。

第一节 财务管理的概念

一、财务管理的含义和内容

（一）概述

企业财务是企业财务活动及其所体现的经济利益关系（财务关系）的总称，它的基本构成要素是投入和运动于企业的资金。

在商品经济条件下，社会产品是使用价值和价值的统一体，企业生产经营过程也表现为使用价值的生产和交换过程及价值的形成和实现过程的统一。在这个过程中，劳动者将生产中所消耗的生产资料的价值转移到产品或服务中去，并且创造出新的价值，通过实物商品的出售或提供服务，使转移价值和新创造的价值得以实现。企业资金的实质是生产经营过程中运动着的价值。

在企业生产经营过程中，实物商品或服务在不断变化，其价值形态也不断地发生变化，由一种形态转化为另一种形态，周而复始，不断循环，形成资金运动。所以，企业的生产经营过程，一方面表现为实物商品或服务的运动过程，另一方面表现为资金的运动过程。资金运动不仅以资金循环的形式存在，而且伴随生产经营过程不断地进行，因此，资金运动也表现为一个周而复始的周转过程。资金运动以价值形式综合地反映着企业的生产经营过程，它构成企业生产经营活动的一个独立方面，具有自己的运动规律，这就是企业的财务活动。企业的资金运动和财务活动离不开人与人之间的经济利益关系。

综上所述，企业财务是指企业在生产经营过程中客观存在的资金运动及其所体现的经济利益关系，前者称为财务活动，表明了企业财务的内容和形式特征；后者称为财务关系，揭示了企业财务的实质。企业财务管理是按照国家法律法规和企业经营要求，遵循资本营运规律，对企业财务活动进行组织、预测、决策、计划、控制、分析和监督等一系列管理工作的总称。其基本特征是价值管理，管理的客体是企业的财务活动，管理的核心是企业财务活动所体现的各种财务关系。因此，企业财务管理是利用价值形式对企业财务活动及其体现的财务关系进行的综合性管理工作。

企业开展财务管理，就是要充分发挥财务管理的运筹作用，力求实现企业内部条件、外部环境和企业目标之间的动态平衡，并从平衡中求发展，促使企业实现发展战略和经营目标。

（二）财务活动

资金运动过程的各阶段总是与一定的财务活动相对应，资金运动形式是通过一定的财务活动内容来实现的。所谓财务活动是指资金的筹集、投放、运用、回收及收益分配等活动。从整体上讲，财务活动包括以下四个方面。

1. 筹资活动

筹资活动是指企业根据其一定时期内资金投放和资金运用的需要，运用各种筹资方式，从金融市场和其他来源渠道筹措、集中所需要的资金的活动。企业无论是新建、扩建，还是组织正常的生产经营活动，都必须以占有和能够支配一定数量的资金为前提。企业以各种筹资方式从各种筹资渠道筹集资金，是资金运动的首要环节。在筹资过程中，企业一方面，要按照适当的资金需要量确定筹资规模；另一方面，要在充分考虑筹资的成本和风险的基础上，通过筹资渠道、筹资方式和工具的选择，确定合理的筹资结构。

企业通过筹资可以形成两种不同性质的资金来源：一是权益性质的资金，它是企业通过吸收直接投资、发行股票和以内部留存收益等方式从国家、法人、个人等投资者那里取得而形成的自有资金，包括资本金（或股本）、资本公积、盈余公积和未分配利润；二是负债性质的资金，企业通过银行借款、发行债券、利用商业信用和租赁等方式，从金融机构、其他企业、个人等各种债权人那里取得而形成的借入资金，包括流动负债和长期负债。

企业将资金筹集上来，表现为企业资金的流入；企业偿还债务本息、支付股利及为筹资而付出的其他形式代价等，则表现为企业资金的流出。这种由于筹资活动而产生的资金的收支，是企业财务管理的主要内容之一。企业筹资活动的结果，一方面表现为取得所需要的货币形态和非货币形态的资金；另一方面表现为形成一定的资本结构。所谓的资本结构，一般是指资金总额内部借入资金与自有资金之间的比例关系。在筹资过程中，企业既要根据发展要求确定相应的筹资规模，以保证投资所需的资金；又要通过筹资渠道、筹资方式或工具的选择，合理确定资本结构，以降低筹资成本和风险，提高企业价值。

2. 投资活动

筹资活动的目的是用资。在企业取得资金后，必须将货币资金投入使用，以谋求取得最大的经济利益，否则，筹资就失去了目的和意义。所谓的投资可分为广义的投资和狭义的投资。广义的投资是指企业将筹集的资金投入使用的过程，包括企业将资金投入到企业内部使用的过程（如购置流动资产、固定资产、无形资产等）和对外投放资金的过程（如投资购买其他企业的股票、债券或与其他企业联营）；狭义的投资仅指对外投资。

无论企业购买内部所需资产，还是购买各种有价证券，都需要支付资金，这表现为企业资金的流出。当企业变卖其对内投资的各种资产或回收其对外投资时，则会产生企业资金的流入。这种因企业投资活动而产生的资金的收付，便是由投资而引起的财务活动。企业投资活动的结果是形成各种具体形态的资产及一定的资产结构，所谓资产结构是指资产内部流动资产与长期资产之间的比例关系。企业在投资过程中，必须考虑投资规模，以提高投资效益和降低投资风险为原则，选择合理的投资方向和投资方式。这些投资活动的过程和结果都是财务管理的内容。

3. 资金营运活动

企业在正常的生产经营过程中，会发生一系列的资金收付。首先，企业要采购材料或商品，以便从事生产和销售活动，同时，还要为保证正常的生产经营而支付工资和其他的营业费用；其次，当企业把产品或商品售出后，便可取得收入，收回资金。上述各方面都会产生资金的流入流出，这就是因企业经营而产生的财务活动，又称为资金营运活动。

企业的营运资金，主要是企业为满足日常营业活动的需要而垫支的流动资金，营运资金的周转与生产经营周期具有一致性。在一定时期内，资金周转的速度越快，就越能利用相同数量的资金，生产出更多数量的产品，取得更大的收益。

4. 收益分配活动

企业通过投资活动和资金营运活动会取得一定的收入，并相应实现资金的增值。由于企业收益分配活动体现了企业、企业职工、债权人和投资者之间的不同利益格局，企业必须依据现行法律和法规对企业取得的各项收入进行分配。

所谓的收益分配，广义来讲，是指对各项收入进行分割和分派的过程。狭义来说，收益分配仅指净利润的分派过程，即广义分配的最后一个层次。

值得说明的是，企业筹集的资金归结为所有者权益和负债资金两大类。在对这两类资金分配报酬时，前者是通过利润分配的形式进行的，属于税后利润分配；后者是通过将利息等计入成本费用的形式进行分配的，属于税前利润的分配。

上述财务活动的各个方面不是孤立的，而是相互联系、相互依存的。正是上述互相联系又有一定区别的各个方面，构成完整的企业财务活动。

二、财务关系

企业财务关系是指企业在进行各项财务活动过程中与各种相关利益主体所发生的经济利益关系，主要包括以下七个方面的内容。

（一）企业与国家行政管理部门之间的财务关系

企业与国家行政管理部门之间的经济利益关系，并不在于政府是企业的出资者，而在于政府行使其行政职能，为企业生产经营活动提供公平竞争的经营环境和公共设施等条件。政府在行使其社会行政管理职能时，为维护社会正常秩序、保卫国家安全、组织和管理社会活动等付出了一定的代价，须无偿参与企业的收益分配。企业必须按照税法规定缴纳各种税款，包括所得税、流转税、资源税、财产税和行为税等，从而形成了企业与国家行政管理部门之间强制与无偿的经济利益关系。

（二）企业与投资者之间的财务关系

企业与投资者之间的财务关系是指企业的投资者向企业投入资本金，企业向其投资者分配投资收益所形成的经济利益关系。企业的投资者即所有权人，包括国家、法人和个人等。

投资者作为财产所有者代表，履行出资义务。除了拥有参与企业经营管理，参与企业剩余收益分配，对剩余财产享有分配权等权利之外，还承担着一定的风险；作为接受投资的企业，对投资者有承担资本保值增值的责任。企业利用资本进行运营，实现利润后按照投资者的出资比例或合同、章程的规定，向其所有者支付报酬。两者之间的财务关系体现着所有权的性质及所有者在企业中的利益。

（三）企业与债权人之间的财务关系

企业除利用投资者投入的资本进行经营活动外，还要借入一定数量的资金，以扩大经营规模，降低资金成本。企业的债权人是指借款给企业的金融机构、公司债券的持有人、商业信用提供者、其他出借资金给企业的单位和个人。与投资者的地位不同，债权人获得的是固定的利息收益，不能像投资者那样参与企业的经营管理和享有剩余收益再分配的权利。但是，债权人有按预约期限收回借款本金和取得借款利息等报酬的权利；在企业破产清算时拥有与其地位相对应的优先求偿权。作为企业债务人，有按期归还所借款项本金和利息的义务。企业与债权人之间的财务关系是指企业向债权人借入资金，并按借款合同的规定按时支付利息和归还本金所形成的经济利益关系，在性质上属于建立在契约之上的债务债权关系。

（四）企业与受资者之间的财务关系

企业与受资者之间的财务关系是指企业以购买股票或直接投资的形式向其他企业投资所形成的经济利益关系。通常企业作为投资者要按照投资合同、协议、章程的约定履行出资义务，以便及时形成受资企业的资本金。受资企业利用资本进行运营，实现利润后应按照出资比例或合同、章程的规定向投资者分配投资收益。随着市场经济的不断深入发展，企业经营规模和经营范围的不断扩大，企业向其他单位投资的这种关系将会越来越广泛。企业与受资者之间的财务关系是体现所有权性质的投资与受资的关系。

（五）企业与债务人之间的财务关系

企业与债务人之间的财务关系是指企业将其资金以购买债权、提供贷款或商业信用等形式出借给其他单位所形成的经济利益关系。企业将资金出借后，有权要求其债务人按约定的条件支付利息和归还本金。企业同其债务人之间的财务关系体现的是一种债权债务关系。

（六）企业内部各经济责任主体的财务关系

企业内部各经济责任主体，既是执行特定经营、生产和管理等不同职能的组织，又是以权、责、利相结合原则为基础的企业内部经济责任单位。企业内部各经济责任主体既分工又合作，共同形成一个企业系统。只有这些子系统的功能协调，才能实现企业预期的经济效益。企业内部各经济责任主体之间的经济往来及企业内部各经济责任单位相互之间的经济往来，不但要进行企业内的经济核算，而且要分清经济责任，进行绩效考核与评价，落实约束与激励措施。企业内部各经济责任单位之间的财务关系体现了企业内部各经济责任单位之间的利益关系。

（七）企业与其职工之间的财务关系

企业职工是企业的经营管理者和劳动者，他们以自身提供的劳动作为参与企业收益分配的依据。企业根据职工的职务、能力和经营业绩的优劣，用其收益向职工支付劳动报酬，并提供必要的福利和保险待遇等。企业与职工之间的财务关系是以权、责、劳、绩为依据的收益分配关系。企业财务关系体现了企业财务的本质，处理和协调好各种财务关系，是现代理财家们必须遵循的一项理财原则。

三、财务管理的环节

财务管理的环节是指财务管理的工作步骤和一般程序。企业财务管理一般包括以下几个环节：

（一）财务预测

财务预测是企业根据财务活动的历史资料（如财务分析），考虑现实条件与要求，运用特定方法，对企业未来的财务活动和财务成果做出科学的预计或测算。财务预测是进行财务决策的基础，是编制财务预算的前提。

财务预测所采用的方法主要有两种。一是定性预测，是指企业缺乏完整的历史资料或有关变量之间不存在较为明显的数量关系的情况下，专业人员进行的主观判断与推测；二是定量预测，是指企业根据比较完备的资料，运用数学方法，建立数学模型，对事物的未来进行的预测。实际工作中，通常将两者结合起来进行财务预测。

（二）财务决策

决策即决定。财务决策是企业财务人员按照企业财务管理目标，利用专门方法对各种备选方案进行比较分析，并从中选出最优方案的过程。它不是拍板决定的瞬间行为，而是提出问题、分析问题和解决问题的全过程。正确的决策可使企业起死回生，错误的决策可导致企业毁于一旦，所以财务决策是企业财务管理的核心，其成功与否直接关系到企业的兴衰成败。

（三）财务预算

财务预算是指企业运用科学的技术手段和数量方法，对未来财务活动的内容及指标进行综合平衡与协调的具体规划。财务预算是以财务决策确立的方案和财务预测提供的信息为基础编制的，是财务预测和财务决策的具体化，是财务控制和财务分析的依据，贯穿企业财务活动的全过程。

（四）财务控制

财务控制是在财务管理过程中，利用有关信息和特定手段，对企业财务活动所施加的影响和进行的调节。实行财务控制是落实财务预算、保证预算实现的有效措施，也是责任绩效考评与奖惩的重要依据。

（五）财务分析

财务分析是根据企业核算资料，运用特定方法，对企业财务活动过程及其结果进行分析和评价的一项工作。财务分析既是本期财务活动的总结，也是下期财务预测的前提，具有承上启下的作用。通过财务分析，可以掌握企业财务预算的完成情况，评价财务状况，研究和掌握企业财务活动的规律，改善财务预测、财务决策、财务预算和财务控制，提高企业财务管理水平。

（六）业绩评价

业绩评价是运用一定手段和方法对企业一定经营期间的获利能力、资产质量、债务风险以及经营增长和努力程度各方面进行的综合评判。科学地评价企业业绩，可以为出资人行使经营者的选择权提供重要依据；可以有效地加强对企业经营者的监督和约束；可以为有效地激励企业经营者提供可靠依据；还可以为政府有关部门、债权人、企业职工等利益相关方提供有效的信息支持。

四、财务管理与会计的联系与区别

财务管理是企业管理的重要组成部分，它与会计工作无论是在理论上，还是在实践中，既有联系，又有区别。

（一）财务管理与会计的联系

1.财务管理与会计具有价值共性。财务管理与会计均具有明显的价值属性，两者都通过价值发挥其效能，这也造就了两者企业"综合能力"体现的共性。会计对经济活动的确认、计量和披露是按照价值反映的要求进行的。事实上，会计信息就是对企业价值或财务活动的再现。而财务管理本身是一种价值管理，是一种追求价值最大化的综合性的管理工作。

2.两者在企业管理过程中相辅相成。会计反映企业价值运动过程中的数与量，并以会计信息的形式向信息使用者输出。如果没有会计提供的信息作依据，财务管理的计划、预测、决策、控制与分析等功能必然是无源之水。

换言之，一方面，财务管理者只有利用会计提供的高质量信息，才能准确把握企业的财务状况，做出科学决策；另一方面，会计所提供的信息必须尽可能满足包括财务管理在内的信息使用者的决策需要，否则就失去了其存在的价值。

（二）财务管理与会计的区别

1.两者的对象不同。财务管理的对象是资金运动，是对企业资金运动所进行的直接管理。财务管理主要管理企业的各项资产，以及由此产生的相关融资、投资、收益分配等事项。会计的对象并不是资金运动本身，而是资金运动所形成的信息，即对企业资金运动过程的信息揭示。

2.两者的职能不同。会计的职能主要表现为反映，而财务管理的职能主要是计划、预测、决策、控制和分析等。反映职能是会计所特有的内在职能。会计人员作为信息揭示人员，对企业生产经营管理各方面并不具有直接的决策职能，其主要作用是通过提供会计信息，对相关决策施加影响。而企业相关的计划决策等职能则由财务管理来实施。

3.两者的目标不同。会计的中心内容是提供决策所需信息，它通过对企业经济活动的揭示，为管理当局、投资者和债权人等不同信息使用者提供真实可靠的会计信息，以满足相关利益主体的决策需要；财务管理的目标，则是企业经营目标在财务管理中的集中与概括，主要是通过计划、预测、决策、控制和分析等工作，确保企业价值最大化目标的实现。

总之，无论从理论上分析，还是从实践上看，财务管理与会计都是两回事。财务管理重在对财务行为的前期决策和过程约束，会计核算重在对财务行为的过程核算和结果反映。但是，财务管理需要利用会计信息，会计核算为财务管理提供基础，两者互为补充，相辅相成。

五、企业财务管理体制

（一）企业财务管理体制的概念

企业财务管理体制，是协调企业利益相关主体之间财务关系的基本规则和制度安排，是构建企业财务管理制度的基础和框架。财务管理体制分为宏观和微观两个层面：一是微观财务管理体制，即企业内部财务管理体制，它是规定企业内部财务关系的基本规则和制度安排，主要由投资者和经营者通过企业章程、内部财务制度等正式或非正式的契约确立；二是宏观财务管理体制，它是协调财政部门与企业之间财务关系的基本规则和制度安排，主要由国家以法律法规、规章、规范性文件等形式予以确立，旨在对企业符合市场需求的行为予以引导和扶持。

宏观和微观财务管理体制的制定主体和确立方式虽然不同，但一旦形成，都具有"硬约束力"，是企业利益相关主体必须共同遵守的"宪法"。换言之，企业财务管理体制的确定过程，是企业财权的分配调整过程，直接决定了财务管理机制、具体财务制度的构建。

（二）建立企业财务管理体制的基本原则

1. 资本权属清晰，即通常所说的企业产权明晰。企业产权是投资者通过向企业注入资本以及资本增值获得的企业所有权，在账面上体现为企业的所有者权益。企业产权明晰，就是要明确所有者权益的归属。例如，国有及国有控股企业应当取得国有资产产权登记证，明确其占有的国有资本金额及主管部门；公司制企业应当通过公司章程、出资证明书发行记名或不记名股票等方式，明确其股东及出资额。企业产权明晰后，投资者"以本求利，将本负亏"也才成为可能。

2. 财务关系明确，指企业与财政部门的财务隶属关系应当是清楚的。

3. 符合法人治理结构要求。企业财务管理体制是法人治理结构的重要组成内容，因此其设计应符合法人治理结构要求。法人治理结构是指明确划分投资者如股东会（包括股东）、董事会（包括董事）和经营者之间权力、责任和利益以及明确相互制衡关系的一整套制度安排。由于现代企业制度下所有权和经营权的分离，设计合理、实施有效的法人治理结构，成为确保企业有效运作、各方权益不受侵害的关键所在。构建法人治理结构，应遵从法定、职责明确、协调运作、有效制衡等原则。企业在法律法规等国家规定的制度框架内，享有一定的弹性。

（三）投资者的财务管理职责

投资者凭借对企业资本的所有权对企业进行财务管理，主要手段是利用对若干重大事项的控制权，约束经营者财务行为，以确保企业资本的安全和增值，最终实现投资者自身的利益。

1. 决策权

投资者的决策权包括基本管理事项决策权和重大财务事项决策权。

基本管理事项主要包括审议批准企业内部财务管理制度、企业财务战略、财务规划和财务预算，这四个事项都是投资者掌握财务控制权的基本体现。因此，其最终决定权必须由投资者行使。

重大财务事项包括筹资、投资、担保、捐赠、重组、经营者报酬、利润分配等。判断一个财务事项是否"重大"，除了看涉及金额相对于企业资产的比例高低之外，更重要的是看它是否容易导致投资者权益受损。企业法人财产权决定了企业拥有自主经营权，投资者不能直接干预企业的经营。自主经营权的行使主体是经营者，理论上，当经营者与投资者制定的财务战略和目标保持一致、勤勉尽责时，投资者与经营者的利益是一致的。但是由于逆向选择、道德风险、内部人控制等诸多问题，经营者的决策往往不利于企业长远发展，损害投资者利益。尽管如此，无论是从企业法人治理结构，还是从成本效益原则看，投资者不可能因为两者之间可能的利益冲突，而取代经营者做出每一项决策。因此，投资者只能对一些重大财务事项掌握最终决策权。

2. 建立财务总监制度

财务总监制度是在企业所有权与经营权相分离、组织规模和生产经营规模扩大化和复杂化、财务管理体制级次增多的情况下，投资者为了保障自身利益，按照一定程序向其全资或者控股的企业派出特定人员或机构，代表投资者进行财务监督而形成的制度，是企业法人治理结构的有机组成部分。

建立财务总监制度的根本目标是保障投资者的利益。从财务总监制度的本质来看，财务总监履行部分投资者财务管理职责，具体包括：

（1）督促、指导、协助企业建立健全内部财务监督制度；

（2）督促企业按照国家规定和投资者战略要求从事财务活动；

（3）及时发现和制止企业违反国家规定和可能造成投资者损失的行为；

（4）审核企业重要财务报表；

（5）参与拟订涉及企业财务方面的重大计划、预算和方案；

（6）参与企业重大投资项目的可行性研究；

（7）参与企业重大财务决策活动；

（8）监督、检查企业重要的财务运作和资金收支情况；

（9）对经营者的选拔、任用和考核提出意见。

将代表投资者权益的财务总监的职责与经营者的财务管理职责进行对照，可以看出，财务总监履行职责时，必将对经营者形成一定的制衡。实际上，这也正是财务总监制度为什么能够在一定程度上有效解决"道德风险""逆向选择"及"内部人控制"等问题的原因。

3. 投资者的管理授权

在一定条件下，投资者可以通过一定方式将某些财务管理职责授权给经营者。

一般情况下，投资者行使对投资者权益有重大影响的财务决策权，但在现实情况中，由于企业规模大、业务复杂、所有权结构分散、投资者管理能力和精力不允许等多种因素，投资者往往无法履行全部财务管理职责。在这种情况下，投资者可以授权经营者行使部分财务管理职责，从而形成一种委托代理关系。

经济学上的委托代理关系不限于法律所说的契约关系，还应从经济利益的角度，将风险的承担与决策权的使用等问题包含在内。投资者对经营者的授权，除了采取合同约定的方式以外，还可以通过企业章程、企业内部财务制度等有效方式进行。但是，这种职责履行权的转移不会导致风险的转移，即原来由投资者承担的风险责任在授权后仍应由投资者承担，如经营者在授权范围内做出了错误的对外投资决策，导致的损失不应由经营者承担。而应进入企业的利润表，即最终由投资者来承担，这也是委托代理关系的一个重要特征。

投资者对经营者的授权应该是有限的，不可能也不应该将所有的财务管理职责都委托经营者行使，否则就失去了对企业的实际控制权。例如财务监督和财务考核，以及重大财务决策中的经营者报酬、利润分配等事项，应当由投资者做出决定。

（四）经营者的财务管理职责

经营者凭借企业法人财产的经营权行使财务管理职责。因此，明确经营者的财务管理权限分配尤为重要，它在企业内部控制中起着基础性的作用。分配权限时，投资者既要赋予经营者充分的自主经营权，又要对经营者的权力有适当的制衡。

1.经营者财务管理职责内容在企业正常经营情况下，经营者（包括企业经理、厂长以及实际负责经营管理的其他领导成员）直接掌握企业财务的控制权。围绕企业价值最大化的财务目标，经营者的财务管理职责表现在：

（1）遵守国家统一规定；

（2）执行投资者的重大决策，实施财务控制；

（3）保障债权人合法权益；

（4）保障职工合法权益。

2.履行经营者职责的主体

（1）公司的董事会和经理。《公司法》规定，董事会行使的职权包括拟订企业财务战略、财务规划，编制财务预算，组织实施重大财务方案，实施财务控制等；经理行使的职权包括拟定企业内部财务管理制度，组织实施重大财务方案，执行国家有关职工劳动报酬和劳动保护的规定、保障职工合法权益，组织财务预测和财务分析，实施财务控制，如实披露信息，配合有关机构依法进行的审计、评估、财务监督等工作，等等。

（2）全民所有制企业的厂长。根据《全民所有制工业企业法》规定，全民所有制企业的厂长由政府主管部门委任或者招聘，或者由企业职工代表大会选举，厂长领导企业的生产经营管理工作，在企业生产经营中处于中心地位。企业设立管理委员会或者通过其他形式，协助厂长决定企业的重大问题，如经营方针、长远规划和年度计划、基本建设方案和重大技术改造方案，职工培训计划，工资调整方案，企业人员编制和机构的设置和调整，制订、修改和废除重要规章制度的方案等。

可以看出，公司中的董事会和全民所有制企业的厂长及其管理委员会（现实中大多为厂长办公会或经理办公会）相似，都同时承担了投资者和经营者的财务管理职责。

第二节 财务管理的目标

财务管理目标是财务学的核心问题之一。财务管理目标是企业理财活动所希望实现的结果，是评价企业理财活动是否合理的基本标准，是企业财务管理活动的导向器，决定着财务管理主体的行为模式。确立合理的财务管理目标，无论在理论上还是在实践上，都有重要意义。

一、企业目标及对财务管理的要求

财务管理是企业管理的一部分，是有关资金的获得和有效使用的管理工作。财务管理的目标，取决于企业的总目标。企业是具有一定目标，在生产或流通领域从事特定活动，向社会提供商品和劳务，实现自主经营、自负盈亏、自我约束、自我发展，获取盈利的经济实体。企业管理是一个复杂的系统工程，为了解决这一复杂系统的相关问题，首先要建立系统的总体目标。

企业是营利性组织，其出发点和归宿是获利。企业一旦成立，就会面临竞争，并始终处于生存和倒闭、发展和萎缩的矛盾之中。企业必须生存下去才能获利，只有不断发展才能生存。因此，概括来说，企业的目标有三个层次：首先是生存，其次是发展，然后才是获利。

（一）生存

企业的首要目标是生存。企业生存的条件有以下几条：第一，以收抵支。企业只有在经营过程中做到收入大于支出，企业的生产经营活动才能够不断地重复进行，否则，企业的再生产活动将会因收不抵支而难以为继，将迫使投资者退出生产经营活动；第二，到期偿债。企业如果负债经营，则必须保证债务的按期付息、到期还本，或定期按照合约的安排偿还债务，否则，企业将由于不能偿还到期的债务，导致债权人申请企业破产。

因此，企业生存的威胁主要来自两方面：一是长期亏损，这是企业终止的内在原因；二是不能偿还到期债务，这是企业终止的直接原因。亏损企业为维持运营被迫进行偿债性融资，借新债还旧债，如不能扭亏为盈，迟早会借不到钱而无法周转，从而不能偿还到期债务。盈利企业也可能出现"无力支付"的情况，主要是借款扩大业务规模，冒险失败，为偿债必须出售不可缺少的厂房和设备等，使生产经营无法继续下去。

企业要想生存下去，对财务的要求就是力求保持以收抵支和偿还到期债务的能力，减少破产的风险，从而使企业能够长期、稳定地生存下去。

（二）发展

企业不仅要生存，还要不断地发展，增强竞争能力。企业的生产经营如"逆水行舟"，不进则退。在科技不断进步的现代经济中，产品不断更新换代，企业必须不断推出更好、更新、更受顾客欢迎的产品，才能在市场中立足。在竞争激烈的市场上，各个企业此消彼长、优胜劣汰。一个企业如不能发展，不能提高产品和服务的质量，不能扩大自己的市场份额，就会被其他企业挤出市场。企业的发展对财务的要求就是要能够及时足额地筹集到发展资金，满足企业的研发和市场拓展对企业资源的需求。

（三）获利

企业生存、发展的最终目标是为了获利，只有获利的企业才有存在的价值。获利是最具综合能力的目标，它不仅体现出企业的出发点和归宿，而且可以概括其他目标的实现程度，并有助于其他目标的实现。为了实现企业的获利，就需要企业正确地进行投资，有效使用资金，取得较高的投资报酬率。

因此，在正常的生存前提下谋求企业的发展，在发展的前提下再去获利，这才是企业发展的良性循环。这就是财务管理和企业管理目标的一致性，也是财务工作的必要性和重要性之所在。

二、企业财务管理目标

任何管理都是有目的的行为，财务管理也不例外。财务管理目标是企业财务管理工作尤其是财务决策所依据的最高准则，是企业财务活动在一定环境和条件下应达到的根本目的，决定着企业财务管理的根本方向，是企业财务的出发点和归宿。关于企业财务管理目标的观点有许多，表述最多的主要有以下三种。

（一）利润最大化

这一目标是从19世纪初形成和发展起来的，其渊源是亚当·斯密的企业利润最大化理论。这种观点认为，利润代表了企业新创造的财富，利润越多则说明企业的财富增加越多，越接近企业的目标。以利润最大化作为财务管理目标有其合理性。一方面，利润是企业积累的源泉，利润最大化使企业经营资本有了可靠的来源；另一方面，利润最大化在满足业主增加私人财富的同时，也使社会财富达到最大化。然而，随着商品经济的发展，企业的组织形式和经营管理方式发生了深刻的变化，业主经营逐渐被职工经理经营代替，企业利益主体呈现多元化，在这种情况下，利润最大化作为企业财务管理目标的缺点就逐渐显现出来。

这种观点的主要缺陷如下：

1. 利润最大化是一个绝对指标，没有考虑企业的投入与产出之间的关系，难以在不同资本规模的企业或同一企业的不同期间进行比较。

2. 没有区分不同时期的收益，没有考虑资金的时间价值。投资项目收益现值的大小，不仅取决于其收益将来值总额的大小，还要受取得收益时间的制约。因为早取得收益，就能早进行再投资，进而早获得新的收益，利润最大化目标则忽视了这一点。

3. 没有考虑风险问题。一般而言，高额利润往往要承担过大的风险。

4. 利润最大化可能会使企业财务决策带有短期行为，即片面追求利润的增加，不考虑企业长远的发展。

（二）每股收益最大化

20世纪60年代，随着资本市场的逐渐完善，股份制企业的不断发展，每股收益最大化逐渐成为西方企业的财务管理目标。这种观点认为：应该把企业利润与投入的资本相联系，用每股收益（或资本利润率）概括企业财务管理目标。其观点本身概念明确，因为每股收益是一定时间内单位投入资本所获收益额，充分体现了资本投入与资本增值之间的比例关系，可以揭示其盈利水平的差异。但是这种观点仍然存在两个问题：一是没有考虑资金的时间价值；二是没有考虑风险问题。

（三）企业价值最大化

企业价值就是企业的市场价值，是企业所能创造的预计未来现金流量的现值。对于股份制企业，企业价值最大化可表述为股东财富最大化。对于上市股份公司，股东财富最大化可用股票市价最大化来代替。股票市价是企业经营状况及业绩水平的动态描述，代表了投资大众对公司价值的客观评价。股票价格是由公司未来的收益和风险决定的，其股价的高低，它不仅反映了资本和获利之间的关系，而且体现了预期每股收益的大小、取得的时间、所冒的风险以及企业股利政策等诸多因素的影响。企业追求其市场价值最大化，有利于避免企业在追求利润上的短期行为，因为不仅目前的利润会影响企业的价值，预期未来的利润对企业价值的影响所起的作用更大。

企业是一个通过一系列合同或契约关系将各种利益主体联系在一起的组织形式。企业应将长期稳定发展摆在首位，强调在企业价值增长中满足与企业相关各利益主体的利益，企业只有通过维护与企业相关者的利益，承担起应有的社会责任（如保护消费者利益、保护环境、支持社会公众活动等），才能更好地实现企业价值最大化这一财务管理目标。

以企业价值最大化作为财务管理的目标，其优点主要表现在：

（1）该目标考虑了资金的时间价值和风险价值，有利于统筹安排长短期规划、合理选择投资方案有效筹措资金、合理制定股利政策等；

（2）该目标反映了对企业资产保值增值的要求，从某种意义上说，股东财富越多，企业市场价值就越大，追求股东财富最大化的结果可促使企业资产保值或增值；

（3）该目标有利于克服管理上的片面性和短期行为；

（4）该目标有利于社会资源合理配置。社会资金通常流向企业价值最大化或股东财富最大化的企业或行业，有利于实现社会效益最大化。

以企业价值最大化作为财务管理的目标也存在以下问题：

（1）尽管对于股票上市企业，股票价格的变动在一定程度上揭示了企业价值的变化，但是股价是受多种因素影响的结果，特别是在资本市场效率低下的情况下，股票价格很难反映企业所有者权益的价值；

（2）为了控股或稳定购销关系，现代企业不少采用环形持股的方式，相互持股，法人股东对股票市价的敏感程度远不及个人股东，对股票价值的增加没有足够的兴趣；

（3）对于非股票上市企业，只有对企业进行专门的评估才能真正确定其价值。而在评估企业的资产时，由于受评估标准和评估方式的影响，这种估价不易做到客观和准确，这也导致企业价值确定的困难。

三、不同利益主体财务管理目标的矛盾与协调

企业从事财务管理活动，必然发生企业与各个方面的经济利益关系，在企业财务关系中最为重要的关系是所有者、经营者与债权人之间的关系。企业必须处理、协调好这三者之间的矛盾与利益关系。

（一）所有者与经营者的矛盾与协调

企业是所有者的企业，企业价值最大化代表所有者的利益。现代公司制企业所有权与经营权完全分离，经营者不持有公司股票或持部分股票，其经营的积极性就会降低，因为经营者全力付出所得不能全部归自己所有。此时他会干得轻松点，不愿意为提高股价而冒险，并想方设法用企业的钱为自己谋福利，如坐豪华轿车、奢侈的出差旅行等，因为这些开支可计入企业成本由全体股东分担。甚至蓄意压低股票价格，以自己的名义借款买回，导致股东财富受损，自己从中渔利。因而，经营者和所有者的主要矛盾就是经营者希望在提高企业价值和股东财富的同时，能更多地增加享受成本；而所有者或股东则希望以较小的享受成本支出带来更高的企业价值或股东财富。由于两者行为目标不

同，必然导致经营者利益和股东财富最大化的冲突，即经理个人利益最大化和股东财富最大化的矛盾。

为了协调所有者与经营者的矛盾，防止经理背离股东目标，一般有两种方法。

1. 监督。经理背离股东目标的条件是，双方的信息不一致。经理掌握企业实际的经营控制权，对企业财务信息的掌握远远多于股东。为了协调这种矛盾，股东除要求经营者定期公布财务报表外，还应尽量获取更多信息，对经理进行必要的监督。但监督只能减少经理违背股东意愿的行为，因为股东是分散的，得不到充分的信息，全面监督实际上做不到，也会受到合理成本的制约。

2. 激励。就是将经理的管理绩效与经理所得的报酬联系起来，使经理分享企业增加的财富，鼓励他们自觉采取符合股东目标的行为。如允许经理在未来某个时期以约定的固定价格购买一定数量的公司股票。股票价格提高后，经理自然获取股票涨价收益；或以每股收益、资产报酬率、净资产收益率以及资产流动性指标等对经理的绩效进行考核，以其增长率为标准，给经理以现金、股票奖励。但激励作用与激励成本相关，报酬太低，不起激励作用；报酬太高，又会加大股东的激励成本，减少股东自身利益。可见，激励也只能减少经理违背股东意愿的行为，不能解决全部问题。

通常情况下，企业采用监督和激励相结合的办法，使经理的目标与企业目标协调起来，力求使监督成本、激励成本和经理背离股东目标的损失之和最小。

（二）所有者与债权人的矛盾与协调

企业的资本来自股东和债权人。债权人的投资回报是固定的，而股东收益随企业经营效益而变化。当企业经营的好时，债权人所得的固定利息只是企业收益中的一小部分，大部分利润归股东所有。当企业经营状况差陷入财务困境时，债权人承担了资本无法追回的风险，这就使得所有者的财务目标与债权人可望实现的目标可能产生矛盾。首先，所有者可能未经债权人同意，要求经营者投资于比债权人预计风险要高的项目，这会增加负债的风险。若高风险的项目一旦成功，额外利润就会被所有者独享；但若失败，债权人却要与所有者共同负担由此而造成的损失。这对债权人来说风险与收益是不对称的；其次，所有者或股东未征得现有债权人同意，而要求经营者发行新债券或借新债，这增大了企业破产风险，致使旧债券或老债券的价值降低，侵犯了债权人的利益。因此，在企业财务拮据时，所有者和债权人之间的利益冲突加剧。

债权人为了防止其利益被伤害，除了寻求立法保护、优先于股东分配剩余财产等外，通常采取以下措施。

1. 限制性借款。它是通过对借款的用途限制、借款的担保条款和借款的信用条件来防止和迫使股东不能利用上述两种方法剥夺债权人的债权价值。

2.收回借款或不再借款。它是当债权人发现公司有侵蚀其债权价值的意图时，采取收回债权和不给予公司重新放款，从而来保护自身的权益。

除债权人外，与企业经营者有关的各方都与企业有合同关系，都存在着利益冲突和限制条款。企业经营者若侵犯职工雇员、客户、供应商和所在社区的利益，都将影响企业目标的实现，所以说企业是在一系列限制条件下实现企业价值最大化的。

第三节　企业组织形式与财务管理

财务管理的基础是企业组织形式，企业组织性质和特点决定企业目标及其相应的财务目标。不同类型的企业，其资本来源结构不同，企业所适用的法律方面有所不同和差别，财务管理活动开展的空间范围也不同。

企业采取何种形式来管理自身的财务活动，直接关系到企业的生存和发展。企业是市场经济的主体，企业组织形式的不同类型决定着企业的财务结构、财务关系、财务风险和所采用财务管理方式的差异，而企业财务管理必须立足企业的组织形式。

企业的组织形式有独资企业、合伙企业和公司制企业。

一、独资企业及财务管理

1.独资企业

独资企业是指依法设立，由一个自然人投资，财产为投资人个人所有，投资人以其个人财产对公司债务承担无限责任的经营实体。独资企业是最简单的企业组织形式。企业不具有独立法人资格，依附于业主存在。独资企业主要有以下特点：

（1）独资企业创办容易，开办费用低廉，受政府的法规管束较少。

（2）独资企业的资金来源主要是业主个人储蓄、各类借款，不允许以企业名义发行股票、债券筹资。

（3）出资人对企业债务承担无限责任。如果独资企业因投资或营运的需要向银行或其他金融机构借款，当独资企业无法清偿债务时，业主必须承担所有的债务。

（4）独资企业不作为企业所得税的纳税主体，其收益纳入所有者的其他收益一并计算缴纳个人所得税。

（5）独资企业依附于业主个人而存在，当个体业主无法履行经营职责时，企业也就终止经营，不复存在。

我国的国有独资公司不属于本类企业，而是按有限责任公司对待。

独资企业的有以下财务优势：

（1）由于企业主个人对企业的债务承担无限责任，法律对这类企业的管理就比较宽宽松，设立企业的条件不高，程序简单、方便。

（2）企业所有权和经营权是一致的。

（3）所有者与经营者合为一体，经营方式灵活，一切财务管理决策直接为业主服务。

独资企业的财务劣势则是：

（1）筹资较困难，独资企业规模小，企业主个人由于财力有限，并由于受到还债能力的限制，对债权人缺少吸引力，它取得贷款的能力也比较差，因而难以投资经营一些资金密集、适合于规模生产经营的行业；

（2）企业存续期短，一旦企业主死亡、丧失民事行为能力或不愿意继续经营，企业的生产经营活动就只能中止；

（3）企业所有权不容易转让；

（4）由于受到业主数量、人员素质、资金规模的影响，独资企业抵御财务经营风险的能力低下。

二、合伙企业及财务管理

合伙企业是依法设立，由各合伙人订立合伙协议，共同出资，合伙经营，共享收益，共担风险，并对合伙企业债务承担无限连带责任的营利组织。合伙企业的法律特征如下。

（1）有两个以上合伙人，并且都是具有完全民事行为能力，依法承担无限责任的人；

（2）有书面合伙协议，合伙人依照合伙协议享有权利，承担责任；

（3）有各合伙人实际缴付的出资，合伙人可以用货币、实物、土地使用权、知识产权或者其他属于合伙人的合法财产及财产权利出资，经全体合伙人协商一致。合伙人也可以用劳务出资，其评估作价由全体合伙人协商确定；

（4）有关合伙企业改变名称、向企业登记机关申请办理变更登记手续、处分不动产或财产权利、为他人提供担保、聘任企业经营管理人员等重要事务，均须经全体合伙人一致同意；

（5）合伙企业的利润分配、亏损分担，按照合伙协议的约定办理；合伙协议未约定或者约定不明确的，由合伙人协商决定；协商不成的，由合伙人按照实缴出资比例分配、分担；无法确定出资比例的，由合伙人平均分配、分担，合伙协议不得约定将全部利润分配给部分合伙人或者由部分合伙人承担全部亏损；

（6）各合伙人对合伙企业债务承担无限连带责任。

合伙企业的特点主要有以下几点：

（1）合伙企业创办较易，开办费用低廉。相对公司制企业而言，政府管理较松。

（2）合伙企业融资与独资企业相似，企业开办的资金来源主要是合伙人的个人储蓄、各类借款。合伙企业不能通过出售证券来筹资，筹资渠道较少。

（3）普通合伙企业由普通合伙人组成，合伙人对合伙企业债务承担无限连带责任。有限合伙企业由普通合伙人和有限合伙人组成，普通合伙人对合伙企业债务承担无限连带责任，有限合伙人以其认缴的出资额为限对合伙企业债务承担责任。

（4）合伙企业的收入按照合伙人征收个人所得税。

（5）当普通合伙人死亡或撤出时，普通合伙企业随之终结。而对于有限合伙企业来说，有限合伙人可以出售他们在企业中的利益，选择退出合伙。

许多律师事务所、会计师事务所或联合诊所都是合伙企业。

与独资企业相比较，合伙企业的主要财务优势如下：

（1）由于每个合伙人既是合伙企业的所有者，又是合伙企业的经营者，这就可以发挥每个合伙人的专长，提高合伙企业的决策水平和管理水平。

（2）由于可以由众多的人共同筹措资金、提高了筹资能力和扩大了企业规模，同时，也由于各合伙人共同负责偿还债务，这就降低了向合伙企业提供贷款的机构风险。

（3）由于合伙人对合伙企业的债务承担无限连带责任，因而有助于增强合伙人的责任心，提高合伙企业的信誉。

合伙企业的主要财务劣势如下：

（1）合伙企业财务不稳定性比较大。由于合伙企业以人身相互信任为基础，合伙企业中任何一个合伙人发生变化（如原合伙人丧失民事行为能力、死亡、退出合伙或者新合伙人加入等）都将改变原合伙关系，建立新的合伙企业。因而，合伙企业的存续期限是很不稳定的。

（2）合伙企业投资风险大。由于各合伙人对合伙企业债务负连带责任，因此，合伙人承担的经营风险极大，使合伙企业难以发展壮大。

（3）合伙企业由于在重大财务决策问题上必须要经过全体合伙人一致同意后才能行动，因此，合伙企业的财务管理机制就不能适应快速多变的社会要求。

三、公司制企业及财务管理

公司是依照公司法登记设立，以其全部法人财产，依法自主经营、自负盈亏的企业法人。公司制企业的主要特征如下：

（1）公司设立手续较为复杂。公司的组成必须有公司组织章程，其中规定企业成立的目的、可发行的股数、董事会如何组成，且组织章程必须符合公司法以及其他相关法律规范。

（2）由于公司是独立法人，公司有自己的名称、所在地址，拥有自己独立的财产。因此，公司可以自己的名义向金融机构借款或发行公司债券，也可以发行股票筹资。

（3）公司实行有限责任制，即股东对公司的债务只负有限责任，在公司破产时，股东所承受的损失以其在该公司的出资额为限。

（4）代表公司所有权的股权转让方便。公司股权以股票形式被等额划分为若干份，从而方便股东在证券市场的自由交易。

（5）公司经营活动实行两权（所有权和经营权）分离。

（6）政府对公司制企业的管制严于独资企业和合伙企业，且征收双重税收，即公司的收益先要交纳公司所得税，税后收益以现金股利分配给股东后，股东还要交纳个人所得税。

我国公司法所称公司指有限责任公司和股份有限公司。

（一）有限责任公司

有限责任公司是指每个股东以其所认缴的出资额为限对公司承担有限责任，公司以其全部资产对其债务承担责任的企业法人。有限责任公司一般简称为有限公司，具有下列一些特征：

（1）它的设立程序要比股份公司简便得多。在我国，设立股份有限公司要经过国务院授权的部门或省级人民政府批准，而设立有限公司，除法律、法规另有规定外，不需要任何政府部门的批准，可以直接向公司登记机关申请登记。有限公司不必发布公告，也不必公开其账目，尤其是公司的资产负债表一般不予公开。

（2）有限公司不公开发行股票。有限责任公司的股东虽然也有各自的份额以及股份的权利证书，但它只是一种证券证明，而不像股票那样属于有价证券。而且，各股东的股份由股东协商确定，并不要求等额，可以有多有少。

（3）有限公司的股东人数有限额。大多数国家的公司法都对有限公司的股东人数有上限规定，即最多不得超过多少人。我国《公司法》规定，有限责任公司由 50 个以下股东出资设立。

（4）有限公司的股份不能上市自由买卖。由于有限公司股东持有的股权证书不是可上市的股票，所以这种股权证书只能在股东之间相互转让。股东向股东以外的人转让股权，应当经其他股东过半数同意。经股东同意转让的股权，在同等条件下，其他股东有优先购买权。

（5）有限公司的内部管理机构设置灵活。股东人数较少和规模较小的有限公司，可以不设立董事会，只设1名执行董事，执行董事可以兼任公司经理。而且，这类公司也可以不设立监事会，只设1~2名监事，执行监督的权利。但董事、高级管理人员不得兼任监事。

由于有限责任公司具有上述特点，许多中小规模的企业往往采取这种公司形式。这样，既可享受政府对法人组织给予的税收等优惠和法人制度带来的其他好处，又能保持少数出资人的封闭经营。所以在一些西方国家，有限责任公司的数目大大超过股份有限公司。不过，在资本总额上，有限责任公司通常大大小于股份有限公司，因而经济地位相对较弱。

（二）股份有限公司

股份有限公司是指全部注册资本由等额股份构成并通过发行股票筹集资本的企业法人。股份有限公司一般简称为股份公司，在英国和美国称为公开（上市）公司，在日本称为株式会社。

股份有限公司具有下列特征：

（1）股份公司是最典型的合资公司。在股份公司中股东的人身性质没有任何意义，股东仅仅是股票的持有者，他的所有权利都体现在股票上并随股票的转移而转移，持有股票的人便是股东。股份公司必须预先确定资本总额，然后再着手募集资本。任何愿意出资的人都可以成为股东，没有资格限制。

（2）股份公司将其资本总额分为等额股份。资本平均分为股份，每股金额相等，同股同权、同股同价是股份公司的一个突出特点。

（3）股份公司的股东人数有上下限要求。我国《公司》规定，设立股份有限公司，应当有2人以上200人以下为发起人，其中须有半数以上的发起人在中国境内有住所。

（4）股份公司设立程序复杂，法律要求严格。我国《公司法》规定，股份公司的设立要经过国务院授权的部门或者省级人民政府批准，不得自行设立。股份公司的重要文件，如公司章程、股东名录、股东大会会议记录和财务会计报告必须公开，以供股东和债权人查询。股份公司每年还必须公布公司的财务报表。

（5）股份有限公司要设董事会，其成员为5~19人。股份有限公司要设监事会，其成员不得少于3人。董事、高级管理人员不得兼任监事。

股份有限公司的主要财务优势如下：

（1）易于筹资。就筹集资本的角度而言，股份有限公司是最有效的企业组织形式。因其永续存在以及举债和增股的空间大，股份有限公司具有更大的筹资能力和弹性。

（2）易于转让。由于股票可以在市场上自由流动，所以股东流动性极大。因此，在企业经营不善、面临亏损或破产危险时，股东可以迅速出售股票转而投资到有利的企业中去。同时，这也能对企业经理人员形成压力，迫使其提高经营管理水平。

（3）有限责任。股东对股份有限公司的债务承担有限责任，倘若公司破产清算，股东的损失以其对公司的投资额为限。而对独资企业和合伙企业，其所有者可能损失更多，甚至个人的全部财产。

股份有限公司的主要财务劣势如下：

（1）股东的流动性太大，股东对于公司缺乏责任感。因为股东购买股票的目的就是为了取得红利或为在股市上获得资本利得收益，而不是为了办好企业，往往公司经营业绩一旦欠佳，股东就转让、出售股票。

（2）股份有限公司的财务管理是最有挑战性的，几乎所有的公司财务管理理论都是源于股份公司财务管理的需求。

综上所述，企业组织形式的差异导致财务管理组织形式的差异，对企业理财有重要影响。在独资和合伙的企业组织形式下，企业的所有权和经营权合二为一，企业的所有者同时也是企业的经营者，他们享有财务管理的所有权利，并与其所享有的财务管理权利相适应，这两种企业的所有者必须承担一切财务风险或责任。其中，合伙企业的资金来源和信用能力比独资企业有所增加，收益分配也更加复杂，因此，合伙企业的财务管理比独资企业复杂得多。企业采取公司制组织形式，其所有权主体和经营权主体就发生分离，这时，所有者不像独资和合伙那样承担无限责任，其只以自己的出资额为限承担有限责任，即只要他们对公司缴足了注册资本的份额，对公司或公司的债权人就不需再更多地支付。公司引起的财务问题最多，企业不仅要争取获得最大利润，而且要争取使企业价值增加；公司的资金来源有多种多样，筹资方式也很多，需要进行认真分析和选择；盈余分配也不像独资企业和合伙企业那样简单，要考虑企业内部和外部的许多因素。

公司这一组织形式，已经成为西方大企业所采用的普遍形式，也是我国建立现代企业制度过程中选择的企业组织形式之一。本书所讲的财务管理，主要是指针对公司的财务管理。

第四节 财务管理的环境

企业的财务管理环境又称理财环境，是指对企业财务活动和财务管理产生影响作用的企业内外部的各种条件。任何理财活动都是在一定环境之下开展的，所以，理财首先要分析财务管理环境的现状、变化及其趋势。通过环境分析，提高企业财务行为对环境的适应能力、应变能力和利用能力，以便更好地实现企业财务管理目标。

回首20世纪，从中外财务管理的发展史中，可以总结出一条基本规律：财务管理发展与创新的动力来自财务管理环境的变化。展望21世纪财务管理的发展趋势，同样离不开对当前与今后一段时间内企业所处的环境分析。

一、财务管理环境的含义及其分类

从系统论的观点来看，所谓环境，就是指存在于研究系统之外的，对研究系统有影响作用的一切系统的总和。那么，财务管理以外的，对财务管理系统有影响作用的一切系统的总和，便构成财务管理的环境。如国家的政治经济形势，国家经济法规的完善程度，企业面临的市场状况，经济全球化的浪潮，信息技术、通信技术、电子商务的蓬勃发展，虚拟公司的兴起等，都会对财务管理产生重要影响，因此，都属于财务管理环境的组成内容。通过财务管理环境的概念可得知，财务管理环境是一个多层次、多方位的复杂系统，它纵横交错。相互制约，对企业财务管理有着重要影响。为了能对财务管理的环境做更深入细致的研究，下面对企业财务管理环境进行简单分类。

1. 按其包括的范围，可分为宏观理财环境和微观理财环境。宏观理财环境是对财务管理有重要影响的宏观方面的各种因素，其内容十分广阔，包括经济、政治、社会、自然条件等各种因素。从经济角度来看，主要包括国家经济发展的水平、产业政策、金融市场状况等。宏观理财环境的变化，一般对各类企业的财务管理均产生影响；微观理财环境是对财务管理有重要影响的微观方面的各种因素，如企业的组织结构、生产经营活动、产品的市场销售状况等。微观环境的变化一般只对特定企业的财务管理产生影响。

2. 按其与企业的关系划分，可分为内部财务管理环境和外部财务管理环境。企业内部财务管理环境是指企业内部的影响财务管理的各种因素，如企业的生产状况、技术状况、经营规模、资产结构、生产经营周期等。内部环境较简单，具有能比较容易把握和加以利用等特点；企业外部财务管理环境是指企业外部的影响财务管理的各种因素，如国家政治、经济形势、法律制度、企业所面临的市场状况以及国际财务管理环境等。外部环境构成比较复杂，需要认真调查，搜集资料，以便分析研究，全面认识。

3.按其变化的情况分，可分为静态财务管理环境和动态财务管理环境。静态财务管理环境是指那些处于相对稳定状态的影响财务管理的各种因素，它对财务管理的影响程度相对平衡，起伏不大。因此，对这些环境无须经常予以调整、研究，而是作为已知条件来对待。财务管理环境中的地理环境、法律制度等，属于静态财务管理环境；动态财务管理环境是指那些处于不断变化状态的、影响财务管理的各种因素。例如：在市场经济体制下，商品市场上的销售量及销售价格，资金市场的资金供求状况及利息率的高低，都是不断变化的，属于动态财务管理环境。在财务管理中，应重点研究、分析动态财务管理环境，并及时采取相应对策，提高对财务管理环境的适应能力和应变能力。

二、财务管理环境的变化及其对财务管理的挑战

21世纪财务管理的环境发生了巨大变化，从宏观环境看，主要表现在：经济全球化浪潮势不可挡；知识经济方兴未艾；信息技术、通信技术与电子商务的蓬勃发展等。从微观环境看主要表现为：公司内部机构重组；公司之间的购并与重组；虚拟公司的兴起等方面。而每一方面的变化对财务管理都提出了挑战。

（一）经济的全球化浪潮

近20年来，在技术进步与各国开放政策的推动下，经济全球化进程逐步加快，成为世界经济发展的主流。以国际互联网为代表的信息技术在生产、流通、消费等领域得到广泛应用。主要表现为：一是网络经济的发展带动电信、银行、保险、运输等全球服务业市场迅速扩张，形成时间上相互连续、价格上联动的国际金融交易网络；二是跨国公司的规模和市场份额的不断扩大使生产、营销、消费日益具有全球性；三是WTO等多边组织，国际政策协调集团，非政府组织的国际网络和区域性经济组织，通过全球范围或区域内贸易和投资自由化安排，将在推动经济全球化进程中发挥越来越重要的作用。在经济全球化浪潮中，对财务管理有直接影响的是金融全球化。金融全球化对企业来说是一柄双刃剑。它使企业筹资、投资有更多的选择机会，客观上提升了企业的价值。但从1997年的亚洲金融风暴可以看出，在金融全球化的背后，是极大的风险。在金融工具和衍生金融工具不断创新的今天，如何寻求机遇，规避风险，是财务管理当前和今后一段时间所面临的最重要课题。

（二）知识经济的兴起

知识经济是建立在知识和经验的生产、分配和使用上的经济，知识经济的兴起标志

着一个崭新时代的到来。主要表现在：一是知识对传统产业的高度渗透，全面提高传统企业的技术含量，促进产业不断升级；二是高新技术产业的迅速发展，带动了传统产业的换代，从而建立了一种良性循环的经济发展格局。对财务管理来说，知识经济改变了企业资源配置结构，使传统的以厂房、机器、资本为主要内容的资源配置结构转变为以知识为基础的，知识资本为主的资源配置结构。

（三）电子商务蓬勃发展

电子商务是计算机技术和通信技术两者结合的成果。随着电子商务的发展，传统的财务管理也演化到网络财务时代。其显著的特点是实时报告，企业可以进行在线管理。网络财务的前景是诱人的，但它引起的安全问题同样让人担心。

（四）企业重构

企业重构自20世纪80年代从美国兴起以来，愈演愈烈，到了20世纪90年代后期开始出现虚拟企业。虚拟企业是这样一种网络组织：由于信息技术和通信技术高度发达，企业之间的合作关系已突破传统的长期固定的合作关系，如合资企业、跨国公司等。通过网络、应用信息技术和通信技术进行分散的互利合作，一旦合作目的达到，这种合作关系便宣告解除。因此，这是一种暂时的、空间跨度很大的合作形式。企业重构对企业本身，甚至对社会都产生了巨大冲击，也对财务管理提出了严峻的挑战。如公司内部重构时如何进行资产剥离；公司之间的购并如何进行资本运作；跨国购并时如何进行国际财务管理；而虚拟的财务管理更是无章可循，目前仍处于摸索阶段。

三、影响企业外部财务环境的主要因素

由于内部财务环境存在于企业内部，是企业可以从总体上采取一定的措施施加控制和改变的因素；而外部财务环境存在于企业外部，它们对企业财务行为的影响无论是有形的硬环境，还是无形的软环境，企业都难以控制和改变，更多的是适应和因势利导。因此，本节主要介绍外部财务环境。影响企业外部财务环境有各种因素，包括政治、经济、金融、法律、技术、文化等许多方面，其中最主要的有经济环境、法律环境和金融环境等因素。

（一）经济环境

企业的理财活动必须融于宏观经济运行中，微观理财主体的投入产出效益和宏观经济环境是密切相连的，因此，才有所谓股市是宏观经济的晴雨表之说。宏观经济环境也是一个十分宽泛的概念，大的方面包括世界经济环境、洲际经济环境、国家或地区的经

济环境，小的方面包括行业经济环境、产品的市场经济环境等方面。无论是哪一方面，对其做出正确的分析、评估，是企业采取适应性财务行为、规避风险的基本条件。

1. 经济周期

经济周期是指总体经济活动的扩张和收缩交替反复出现的过程，也称经济波动。每一个经济周期都可以分为上升和下降两个阶段。上升阶段也称为繁荣，最高点称为顶峰。然而，顶峰也是经济由盛转衰的转折点，此后经济就进入下降阶段，即衰退。衰退严重则经济进入萧条，衰退的最低点称为谷底。当然，谷底也是经济由衰转盛的一个转折点，此后经济进入上升阶段。经济从一个顶峰到另一个顶峰，或者从一个谷底到另一个谷底，就是一次完整的经济周期。现代经济学关于经济周期的定义，建立在经济增长率变化的基础上，指的是增长率上升和下降的交替过程。

经济周期的各个阶段都具有一些典型特征，大致如下。

（1）繁荣阶段。该阶段的经济活动水平高于趋势水平，经济活动较为活跃，需求不断增加，产品销售通畅，投资持续增加，产量不断上升，就业不断扩大，产出水平逐渐达到高水平，经济持续扩张。不过，繁荣阶段一般持续时间不长，当需求扩张开始减速时会诱发投资减速，经济就会从峰顶开始滑落。通常当国内生产总值连续两个季度下降时，可以认为经济已经走向衰退。

（2）衰退阶段。该阶段经济活动水平开始下降，消费需求也开始萎缩，闲置生产能力开始增加，企业投资开始以更大的幅度下滑，产出增长势头受到抑制，国民收入水平和需求水平进一步下降，最终将使经济走向萧条阶段。

（3）萧条阶段。这时，经济处于收缩较为严重的时期，逐渐降低到低水平，即低于长期趋势值，就业减少，失业水平提高，企业投资降至低谷，一般物价水平也在持续下跌。当萧条持续一段时间后，闲置生产能力因投资在前些阶段减少逐渐耗尽，投资开始出现缓慢回升，需求水平开始出现增长，经济逐渐走向复苏阶段。

（4）复苏阶段。这时经济活动走向上升通道，经济活动开始趋于活跃，投资开始加速增长，需求水平也开始逐渐高涨，就业水平提高，失业水平下降，产出水平不断增加。随着经济活动不断恢复，整个经济走向下一个周期的繁荣阶段。

在市场经济条件下，企业家们越来越关心经济形势，也就是"经济大气候"的变化。一个企业生产经营状况的好坏，既受其内部条件的影响，又受其外部宏观经济环境和市场环境的影响。一个企业，无力决定它的外部环境，但可以通过内部条件的改善，来积极适应外部环境的变化，充分利用外部环境，并在一定范围内，改变自己的小环境，以增强自身活力，扩大市场占有率。因此，作为企业家对经济周期波动必须了解、把握，并能制定相应的对策来适应周期的波动,否则将在波动中丧失生机。

经济周期波动的扩张阶段,是宏观经济环境和市场环境日益活跃的季节。这时,市场需求旺盛、订货饱满、商品畅销、生产趋升、资金周转灵便。企业的供、产、销和人、财、物都比较好安排,企业处于较为宽松有利的外部环境中。

经济周期波动的收缩阶段,是宏观经济环境和市场环境日趋紧缩的季节。这时,市场需求疲软、订货不足、商品滞销、生产下降、资金周转不畅。企业在供、产、销和人、财、物方面都会遇到很多困难。企业处于较恶劣的外部环境中。经济的衰退既有破坏作用,又有"自动调节"作用。在经济衰退中,一些企业破产、退出商海;一些企业亏损、陷入困境,寻求新的出路;一些企业顶住恶劣的气候,在逆境中站稳脚跟,并求得新的生存和发展。这就是市场经济下"优胜劣汰"的企业生存法则。

对于企业来说,对经济运行周期阶段的识别与评判是评价经济发展现状、预测经济发展趋势的重要前提,也是企业正确规划财务发展战略、选择财务政策的基本前提。

2.经济发展状况

经济发展状况是指宏观经济的短期运行特征。国家统计部门会定期公布经济发展状况的各种经济指标,如经济增长速度、失业率、物价指数、进出口贸易额增长率、税收收入以及各个行业的经济发展状况指标等。对各种经济发展状况指标的跟踪观察,有利于企业正确把握宏观经济运行的态势,及时调整财务管理策略。任何国家的经济发展都不可能呈长期的快速增长之势,而总是表现为"波浪式前进,螺旋式上升"的状态。当经济发展处于繁荣时期,经济发展速度较快,市场需求旺盛,销售额大幅度上升。企业为了扩大生产,需要增加投资,与此相适应则需筹集大量的资金以满足投资扩张的需要。当经济发展处于衰退时期,经济发展速度缓慢,甚至出现负增长,企业的产量和销售量下降,投资锐减,资金时而紧缺、时而闲置,财务运作出现较大困难。另外,经济发展中的通货膨胀也会给企业财务管理带来较大的不利影响,主要表现在:资金占用额迅速增加;利率上升,企业筹资成本加大;证券价格下跌,筹资难度增加;利润虚增资金流失。

3.宏观调控政策

宏观调控政策是政府对宏观经济进行干预的重要手段,主要包括产业政策、金融政策和财政政策等。政府通过宏观经济政策的调整引导微观财务主体的经济行为,达到调控宏观经济的目的。这些宏观经济调控政策对企业财务管理的影响是直接的,企业必须按国家政策办事,否则将寸步难行。例如,国家采取收缩的调控政策时,会导致企业的现金流入减少、现金流出增加、资金紧张、投资压缩。反之,当国家采取扩张的调控政策时,企业财务管理则会出现与之相反的情形。所以,作为微观的市场竞争主体,企业必须关注宏观经济政策的取向及其对企业经济行为的影响；并根据宏观经济政策的变化及时调整自身的行为，以规避政策性风险对企业财务运行的影响。

（二）法律环境

财务管理的法律环境是指企业和外部发生经济关系时所应遵守的各种法律、法规和规章。企业在其经营活动中，要和国家其他企业或社会组织、企业职工或其他公民，以及国外的经济组织或个人发生经济关系。国家管理这些经济活动和经济关系的手段包括行政手段、经济手段和法律手段三种。在市场经济条件下，行政手段逐步减少，而经济手段，特别是法律手段日益增多，越来越多的经济关系和经济活动的准则用法律的形式固定下来。同时，众多的经济手段和必要的行政手段的使用，也必须逐步做到有法可依，从而转化为法律手段的具体形式，真正实现国民经济管理的法治化。一方面，法律提出了企业从事一切经济业务所必须遵守的规范，从而对企业的经济行为进行约束；另一方面，法律也为企业合法从事各项经济活动提供了保护。

1. 企业组织法律规范

企业组织必须依法成立。组建不同的企业，要依照不同的法律规范。它们包括《中华人民共和国公司法》（以下简称《公司法》）《中华人民共和国全民所有制工业企业法》《中华人民共和国外资企业法》《中华人民共和国中外合资经营企业法》《中华人民共和国中外合作经营企业法》《中华人民共和国个人独资企业法》《中华人民共和国合伙企业法》等。这些法律规范既是企业的组织法，又是企业的行为法。

例如，《公司法》对公司企业的设立条件、设立程序、组织机构、组织变更和终止条件和程序等都做了规定，包括股东人数、法定资本的最低限额、资本的筹集方式等。只有按其规定的条件和程序建立的企业，才能称为"公司"。《公司法》还对公司生产经营的主要方面做出了规定，包括股票的发行和交易、债券的发行和转让、利润的分配等。公司一旦成立，其主要活动，包括财务管理活动，都要按照《公司法》的规定来进行。因此，《公司法》是公司企业财务管理最重要的强制性规范，公司的理财活动不能违反该法律，公司的自主权不能超出该法律的限制。

其他企业也要按照相应的企业法来进行其理财活动。

2. 税务法律规范

任何企业都有法定的纳税义务。有关税收的立法分为三类：所得税的法规、流转税的法规、其他地方税的法规。税负是企业的一种费用，会增加企业的现金流出，对企业理财有重要影响。企业无不希望在不违反税法的前提下减少税务负担。税负的减少，只能靠精心安排和筹划投资、筹资和利润分配等财务决策，而不允许在纳税行为已经发生时去偷税漏税。精通税法，对财务主管人员有重要意义。

3.财务法律规范

财务法律规范主要是《企业财务通则》及有关财务制度。分为三个层次：第一层次是企业财务通则，明确了财政管理边界、投资者与经营者的游戏规则、财务制度的内涵和范围；第二层次是具体财务规范，是关于具体财务行为与财政资金相关的操作性规定；第三层次是企业财务管理指导意见，属于服务性公共产品，引导企业形成共同的财务理念。

《企业财务通则》是企业财务管理的基本准则，是各类企业进行财务活动、实施财务管理的基本规范。《企业财务通则》明确其适用于"在中华人民共和国境内依法设立的具备法人资格的国有及国有控股企业"。由于金融企业在资产管理、财务运行、财务风险控制、财政监管等方面具有一定特殊性，财政部专门发布了《金融企业财务规则》，该规则适用于在我国境内依法设立的国有及国有控股金融企业、金融控股公司、担保公司、城市商业银行、农村商业银行、农村合作银行和信用社。

（三）金融环境

企业总是需要资金从事投资和经营活动。而资金的取得，除了自有资金外，主要从金融机构和金融市场取得。金融政策的变化必然影响企业的筹资、投资和资金运营活动。所以，金融环境是企业最主要的环境因素之一。

1.金融市场

金融市场是指资金筹集场所。广义的金融市场，是指一切资本流动（包括实物资本和货币资本）的场所，其交易对象为：货币借贷、票据承兑和贴现、有价证券的买卖、黄金和外汇买卖、办理国内外保险、生产资料的产权交换等；狭义的金融市场一般是指有价证券市场；即股票和债券的发行和买卖市场。

（1）金融市场的分类

1）按交易的期限分为短期资金市场和长期资金市场。短期资金市场是指期限不超过一年的资金交易市场，因为短期有价证券易于变成货币或作为货币使用，所以也叫货币市场。长期资金市场，是指期限在一年以上的股票和债券交易市场，因为发行股票和债券主要用于固定资产等资本货物的购置，所以也叫资本市场。

2）按交易的性质分为发行市场和流通市场。发行市场是指从事新证券和票据等金融工具买卖的转让市场，也叫初级市场或一级市场。流通市场是指从事已上市的旧证券或票据等金融工具买卖的转让市场，也叫次级市场或二级市场。

3）按交易的直接对象分为同业拆借市场、国债市场、企业债券市场、股票市场和金融期货市场等。

4）按交割的时间分为。现货市场和期货市场。现货市场是指买卖双方成交后，当场或几天之内买方付款、卖方交出证券的交易市场；期货市场是指买卖双方成交后，在双方约定的未来某一特定的时日才交割的交易市场。

（2）金融市场对财务管理的影响

1）金融市场为企业提供了良好的投资和筹资场所。金融市场能够为资本所有者提供多种投资渠道，为资本筹集者提供多种可供选择的筹资方式。企业需要资金时，可以到金融市场选择适合自己需要的方式筹资。企业有了剩余的资金，也可以在市场上选择合适的投资方式，为其资金寻找出路。

2）促进企业资本灵活转换。企业可通过金融市场将长期资金，如将股票、债券变现转为短期资金；也可以通过金融市场将短期资金转化为长期资金，如购进股票、债券等。金融市场为企业的长短期资金相互转化提供了方便。

3）金融市场为企业财务管理提供有意义的信息。

金融市场的利率变动反映资金的供求状况，有价证券市场的行情反映投资人对企业经营状况和盈利水平的评价。这些都是企业生产经营和财务管理的重要依据。

2. 金融机构

金融机构包括银行业金融机构和其他金融机构。社会资金从资金供应者手中转移到资金需求者手中，大多要通过金融机构。

（1）中国人民银行。中国人民银行是我国的中央银行，它代表政府管理全国的金融机构和金融活动，经理国库。其主要职责是制定和实施货币政策，保持货币币值稳定；依法对金融机构进行监督管理，维持金融业的合法、稳健运行；维护支付和清算系统的正常运行；持有、管理、经营国家外汇储备和黄金储备；代理国库和其他与政府有关的金融业务；代表政府从事有关的国际金融活动。

（2）政策银行。政策性银行，是指由政府设立，以贯彻国家产业政策、区域发展政策为目的，不以营利为目的的金融机构。政策性银行与商业银行相比，其特点在于：不面向公众吸收存款，而以财政拨款和发行政策性金融债券为主要资金来源；其资本主要由政府拨付；不以营利为目的，经营时主要考虑国家的整体利益和社会效益；其服务领域主要是对国民经济发展和社会稳定有重要意义，而商业银行出于盈利目的不愿借贷的领域；一般不普遍设立分支机构，其业务由商业银行代理。但是，政策性银行的资金并非财政资金，也必须有偿使用，对贷款也要进行严格审查，并要求还本付息、周转使用。我国目前有三家政策性银行：中国进出口银行、国家开发银行、中国农业发展银行。

（3）商业银行。商业银行是以经营存款、放款、办理转账结算为主要业务，以盈利为主要经营目标的金融企业。商业银行的建立和运行，受《中华人民共和国商业银行法》规范。我国的商业银行可以分成三类。一类是国有独资商业银行，是由国家专业银行演变而来的，包括中国工商银行、中国农业银行、中国银行、中国建设银行；另一类是股份制商业银行，是1987年以后发展起来的，包括交通银行、深圳发展银行、中信实业银行、中国光大银行、华夏银行、招商银行、兴业银行、上海浦东发展银行、中国民生银行以及各地方的商业银行、城市信用合作社等；最后一类是外资银行。按照中国与世界贸易组织签订的协议，中国金融市场要逐渐对外开放，外资银行可以在中国境内设立分支机构或营业网点，可以经营人民币业务。

（4）非银行金融机构。目前，我国主要的非银行金融机构有金融资产管理公司、保险公司、信托投资公司、证券机构、财务公司、金融租赁公司。

金融资产管理公司的主要使命是收购、管理、处置商业银行剥离的不良资产。1999年4月20日，中国信达资产管理公司在北京成立，这是经中国人民银行批准，中国第一家经营、管理、处置国有银行不良资产的公司。随后不久，我国又先后成立了长城、东方、华融三家金融资产管理公司。与国外相比，我国4家金融资产管理公司除了上述使命外，还同时肩负着推动国有企业改革的使命。即运用债权转股权、资产证券化、资产置换、转让和销售等市场化债权重组手段，实现对负债企业的重组，推动国有大中型企业优化资本结构、转变经营机制，最终建立现代企业制度，达到脱困的目标。

保险公司，主要经营保险业务，包括财产保险、责任保险、保证保险和人身保险。目前，我国保险公司的资金运用被严格限制在银行存款政府债券、金融债券和投资基金范围内。

信托投资公司，主要是以受托人的身份代人理财。其主要业务有经营资金、财产委托、代理资产保管、金融租赁、经济咨询以及投资等。

证券机构，是指从事证券业务的机构，包括：

1）证券公司，其主要业务是推销政府债券、企业债券和股票，代理买卖和自营买卖已上市流通的各类有价证券，参与企业收购、兼并，充当企业财务顾问等；

2）证券交易所，提供证券交易的场所和设施，制定证券交易的业务规则，接受公司上市申请并安排上市，组织、监督证券交易，对会员和上市公司进行监管等；

3）登记结算公司，主要是办理股票交易中所有权转移时的过户和资金的结算。

财务公司，通常类似于投资银行。我国的财务公司是由企业集团内部各成员单位入股，向社会募集中长期资金，为企业技术进步服务的金融股份有限公司。它的业务被限定在本集团内，不得从企业集团之外吸收存款，也不得对非集团单位和个人贷款。自

1987年我国第一家企业集团财务公司——东风汽车工业财务公司——成立之日起，至今全国能源电力、航天航空、石油化工、钢铁冶金、机械制造等关系国计民生的基础产业和各个重要领域的大型企业集团几乎都拥有了自己的财务公司。

金融租赁公司，是指办理筹资租赁业务的公司组织。其主要业务有动产和不动产的租赁、转租赁、回租租赁、委托租赁等。

3.金融市场利率

在金融市场上，利率是资金使用权的价格，其计算公式为：

利率＝纯利率＋通货膨胀附加率＋风险附加率

纯利率是指没有风险和通货膨胀情况下的平均利率。在没有通货膨胀时，国库券的利率可以视为纯利率。

通货膨胀附加率是由于通货膨胀会降低货币的实际购买力，为弥补其购买力损失而在纯利率的基础上加上通货膨胀附加率。

风险附加率是由于存在违约风险、流动性风险和期限风险而要求在纯利率和通货膨胀之外附加的利率。其中，违约风险附加率是指为了弥补因债务人无法按时还本付息而带来的风险，由债权人要求附加的利率；流动性风险附加率是指为了弥补因债务人资产流动不好而带来的风险，由债权人要求附加的利率；期限风险附加率是指为了弥补因偿债期长而带来的风险，由债权人要求附加的利率。

第七章 财务管理价值观念

财务管理可适时地根据环境变化,通过投资机会的准确把握,合理配置企业资源。其中包括战略性投资和结构的战略性调整,采取兼并收购、资本重组等超常方式,提高组织的灵活性和环境适用性,以增加社会和公众对企业收益和增长的预期,最终为投资者创造更多财富的各种方法的汇总。

第一节 货币时间价值

一、货币时间价值的概念

货币时间价值,是指货币经历一定时间的投资和再投资所增加的价值。

在商品经济中,有这样一种现象:现在的1元钱和1年后的1元钱其经济价值不相等,或者说其经济效用不同。现在的1元钱,比1年后的1元钱的经济价值要大一些,即使不存在通货膨胀也是如此。为什么会这样呢?例如,将现在的1元钱存入银行,1年后可得到1.10元(假设存款利率为10%)。这1元钱经过1年时间的投资增加了0.10元,这就是货币的时间价值。

任何企业的财务活动都是在特定的时空中进行的。货币的时间价值原理正确地揭示了在不同时点上资金之间的换算关系。货币投入生产经营过程后,其金额随时间的持续不断增长,这是一种客观的经济现象。企业资金循环的起点是投入货币资金,企业用它来购买所需的资源,然后生产出新的产品,产品出售时得到的货币量大于最初投入的货币量。资金的循环以及因此实现的货币增值,需要或多或少的时间,每完成一次循环,货币就增加一定金额,周转的次数越多,增值额也越大。因此,随着时间的延续,货币总量在循环中按几何级数增长,形成了货币的时间价值。

需要注意的是,将货币作为资本投入生产过程所获得的价值增加并不全是货币的时间价值。这是因为,所有的经营都不可避免地具有风险,而投资者承担风险也要获得相应的报酬,此外,通货膨胀也会影响货币的实际购买力。因此,对所投资项目的报酬率也会产生影响。资金的供应者在通货膨胀的情况下，必然要求索取更高的报酬以补偿其购买力损失，这部分补偿称为通货膨胀贴水。可见，货币在经营过程中产生的报酬不仅包括时间价值，还包括货币资金提供者要求的风险报酬和通货膨胀贴水。因此，本书认为，时间价值是扣除风险报酬和通货膨胀贴水后的真实报酬率。

货币的时间价值有两种表现形式：相对数形式和绝对数形式。相对数形式，即货币时间价值率，是指扣除风险报酬和通货膨胀贴水后的平均资金利润率或平均报酬率；绝对数形式，即时间价值额，是指资金与时间价值率的乘积。时间价值虽有两种表示方法，但在实际工作中并不进行严格的区分。因此，在述及货币时间价值的时候，有时用绝对数，有时用相对数。

银行存款利率，贷款利率、各种债券利率、股票的股利率都可以看作投资报酬率，它们与时间价值都是有区别的，只有在没有风险和通货膨胀的情况下，时间价值才与上述各报酬率相等。

二、现金流量时间线

计算货币资金的时间价值，首先要清楚资金运动发生的时间和方向，即每笔资金在哪个时点上发生，资金流向是流入还是流出。现金流量时间线提供了一个重要的计算货币资金时间价值的工具，它可以直观、便捷地反映资金运动发生的时间和方向。

三、一次性收付款项的终值和现值

资金时间价值的计算，涉及两个重要的概念，即现值和终值。现值（present value，P），又称本金，是指未来某一时点上的一定量现金折算到现在的价值。终值（future value，F），又称将来值或本利和，是指现在一定量的现金在将来某一时点上的价值；由于终值和现值的计算同利息的计算方法有关，而利息的计算方法又有复利和单利两种，因此，终值与现值的计算也有复利和单利计算之分。单利是指一定期间内只根据本金计算利息，当期产生的利息在下一期不作为本金，不重复计算利息。例如，本金为 1 000 元、年利率为 3.6% 的 5 年期单利定期存款，到期时的利息收入为 180 元，每年的利息收入为 36 元（1 000×3.6%）。而复利则是不仅本金要计算利息，利息也要计算利息，即通常所说的"利滚利"。复利的概念充分体现了资金时间价值的含义，因为资金可以再投资，而且理性的投资者总是尽可能快地将资金投向合适的领域，以赚取报酬。在讨论资金的时间价值时，一般都按复利计算。

四、货币资金与财务预算

（一）财务预算概述

1. 预算的概念

预算是指企业在预测、决策的基础上，以数量和金额的形式反映企业在未来一定时期内经营活动、投资活动、财务活动等的具体计划，是为实现企业目标而对各种资源和企业活动进行的详细安排。预算是一种可据以执行和控制经济活动的最为具体的计划，是对目标的具体化，是将企业活动导向预定目标的有力工具。数量化和可执行性是预算的最主要特征。在实务中，只有经过预算，对企业未来的经济活动进行有预见性的安排，才能够应对未来可能发生的不确定性事项，降低风险，实现财务目标。

2. 全面预算

全面预算是指企业为实现其生产经营目标，将企业各个部门的经营活动进行规划，形成的一套反映企业预期经营活动的实施方案，财务预算是全面预算的核心内容。全面预算是由一系列预算组成的，各种预算相互联系，构成比较复杂。

（1）全面预算的内容

全面预算通常包括经营预算、资本支出预算和财务预算三个部分。

1）经营预算

经营预算是指企业为了满足日常经营活动的需要而进行的预算，包括销售预算、生产预算、直接材料预算、直接人工预算、制造费用预算、销售及管理费用预算等。企业首先应根据市场需求及自身的生产能力，制定企业销售预算，销售预算是全面预算的起点；根据销售预算，企业分析生产能力能否达到生产要求，编制生产预算；根据生产预算的要求编制直接材料预算、直接人工预算、制造费用预算等。

2）资本支出预算

资本支出预算是指企业为满足生产需要而进行的长期投资预算，如固定资产的构建、扩建、改造等，资本支出预算需要长期筹资预算相配合；同时，根据销售预算确定生产预算，进而安排直接材料预算、直接人工预算、制造费用预算、销售费用预算、管理费用预算等。

3）财务预算

财务预算是指一系列专门反映企业未来一定预算期内预计财务状况和经营成果，以及现金收支等价值指标的各种预算的总称。财务预算具体包括现金预算、预计利润表、预计资产负债表和预计现金流量表。在全面预算中，财务预算的综合性最强，是预算的核心内容；而财务预算使用的各类指标又依赖于经营预算和资本支出预算，因此，经营预算和资本支出预算是财务预算的基础和前提；在实务中，预算是围绕企业产品或服务的销售额作为起点展开的，因此，销售预算是整个预算管理体系的基础和前提。

（2）全面预算的作用

全面预算作为一种综合管理方法，通过将管理决策数量化实现财务管理功能，在企业的经营管理活动中发挥着重要作用，其作用主要包括以下几个方面。

1）明确企业经营目标

全面预算是企业目标的具体化，将企业各个部门都纳入预算来管理，将企业的总目标分解为各个部门的目标，各个部门根据各自的预算，对当年的生产经营情况提出明确的目标。全面预算构成一套完整的预算体系，是从上而下的目标定位，各层级的预算相互影响，共同完成企业的预算目标。

2）协调好各方面的关系

为了使各个职能部门向着共同的企业目标前进，各部门的经济活动必须密切配合，相互协调，统筹兼顾，全面安排，搞好综合平衡。各部门之间只有协调一致，才能最大限度地实现企业的整体目标。全面预算经过综合平衡后可以提供解决各层级各部门利益冲突的最佳办法，代表企业的最优方案，可以使各层级各部门的工作在此基础上协调地进行。因此，企业的各层级各部门只有统一目标、统一方向、统一步调，才能更好地完成企业的目标。

3）控制经济活动

通过预算指标可以控制企业实际经济活动的过程，随时发现问题，采取必要的措施，纠正不良偏差，避免经营活动的漫无目的、随心所欲，通过有效的方式实现预期目标。因此，预算具有规划、控制、引导企业经济活动有序进行、以最经济有效的方式实现预定目标的功能。

4）考核评价业绩

预算作为企业财务活动的行为标准，使各项活动的实际执行有章可循。预算标准可以作为各部门责任考核的依据。经过分解落实的预算规划目标能与部门、责任人的业绩考核结合起来，成为奖勤罚懒、评估优劣的准则。在实务中，把预算目标与实际执行的结果进行对比，可作为考核评价部门和经理人员业绩的依据，作为升迁加薪的依据。

3.财务预算

在企业的全面预算体系中，财务预算非常重要，对企业的预算执行具有指导标杆的作用。财务预算包括现金预算、预计利润表、预计资产负债表和预计现金流量表。

（1）现金预算

现金预算又称现金收支预算，是指反映企业在预算期内全部现金流入和现金流出，以及由此预计的现金收支所产生的结果的预算。现金预算以销售预算、生产预算、成本与费用预算、预计资本支出预算为基础编制，是财务预算的核心。现金预算的内容包括现金收入、现金支出、现金余缺及资金的筹集与运用四个部分。其中，现金收入包括期初现金余额、预算期销售现金收入；现金支出包括预算期内的各种现金支出；现金余缺是指预算期内现金收入和现金支出的差额；资金的筹集与运用反映预算期内向银行借款、还款、支付利息、短期投资、投资收回等内容。

（2）预计利润表

预计利润表是指反映和控制企业在预算期内损益情况和盈利水平的预算。它是在汇总销售预算、各项成本费用预算、资本支出预算等资料的基础上编制的。

（3）预计资产负债表

预计资产负债表是指反映企业预算期末财务状况的总括性预算。它是依据当前的实际资产负债表和全面预算中的其他预算所提供的资料编制而成的。

（4）预计现金流量表

预计现金流量表是指反映企业一定期间内现金流入与现金流出情况的一种财务预算。它是从现金的流入和流出两个方面，揭示企业一定期间内经营活动、投资活动和筹资活动所产生的现金流量。

（二）财务预算的编制方法与程序

1. 财务预算的编制方法

财务预算构成一个完整的管理体系，有其成熟的预算方法。常见的财务预算编制方法主要包括固定预算与弹性预算、增量预算与零基预算、定期预算与滚动预算。

（1）固定预算与弹性预算编制方法

1）固定预算编制方法

固定预算又称静态预算，是指以企业在预算期内正常的、可实现的某一既定业务量水平为基础来编制的预算。固定预算一般适用于费用项目固定或者变化很小的预算项目和数额比较稳定的预算项目。

固定预算编制容易、工作量小，可以根据企业上期数据直接填列，节约了预算编制的工作量。但是，固定预算有以下两个方面的缺陷：一是预算编制过于呆板，因为编制预算的业务量基础是事先假定的某个业务量。在这种方法下，不论预算期内业务量水平实际可能发生哪些变动，都只按事先确定的某一个业务量水平作为编制预算的基础；二是可比性差，当实际的业务量与编制预算所依据的业务量发生较大差异时，有关预算指标的实际数与预算数就会因业务量基础不同而失去可比性。如某公司预计业务量为销售100 000 件产品，按此业务量给销售部门的预算费用为5 000 元。如果该销售部门实际销售量达到120 000 件，超出了预算业务量，固定预算下的费用仍为5 000 元。

2）弹性预算编制方法

弹性预算是指在成本（费用）习性分类的基础上，根据量、本、利之间的依存关系，考虑到计划期间业务量可能发生的变动，编制出一套适应多种业务量的费用预算，以便分别反映在不同业务量的情况下所应支出的成本费用水平。

弹性预算是为了弥补固定预算的缺陷而产生的，它克服了固定预算业务量固定、费用项目固定的不足。编制弹性预算所依据的业务量可以是生产量、销售量、机器工时、材料消耗量和直接人工工时等。弹性预算具有预算范围宽、可比性强的优点。弹性预算一般适用于与预算执行单位业务量有关的成本（费用）、利润等预算项目。

弹性预算的编制，既可以采用公式法，也可以采用列表法。

①公式法

公式法是假设成本和业务量之间存在线性关系，成本总额、固定成本总额、业务量和单位变动成本之间的变动关系可以表示为：

$Y=a+bx$

其中，Y 表示成本总额；a 表示不随业务量变动而变动的那部分固定成本；b 表示单位变动成本；x 表示业务量。某项目成本总额 Y 是该项目固定成本总额和变动成本总额之和。这种方法要求按上述成本与业务量之间的线性假定，将企业各项目成本总额分解为变动成本和固定成本两部分。

公式法的优点是：在一定范围内，预算可以随业务量的变动而变动，可比性和适应性强，编制预算的工作量相对较小；缺点是：按公式进行成本分解比较麻烦，对每个费用子项目甚至细目逐一进行成本分解，工作量很大。

②列表法

列表法是指通过列表的方式，将与各种业务量对应的预算数列示出来的一种弹性预算编制方法。

列表法的主要优点是：可以直接从表中查得各种业务量下的成本费用预算，不用再另行计算，因此直接、简便；缺点是：编制工作量较大，而且由于预算数不能随业务量变动而任意变动，弹性仍然不足。

（2）增量预算与零基预算编制方法

1）增量预算编制方法

增量预算，是指以基期成本费用水平为基础，结合预算期业务量水平及有关降低成本的措施，通过调整有关费用项目而编制预算的方法。增量预算以过去的费用发生水平为基础，主张不需在预算内容上做较大调整，它的编制遵循如下假定：企业现有业务活动是合理的，不需要进行调整；企业现有各项业务的开支水平是合理的，在预算期予以保持；以现有业务活动和各项活动的开支水平，确定预算期各项活动的预算数。

2）零基预算编制方法

零基预算的全称为"以零为基础的编制计划和预算方法"，是指在编制预算费用时，不考虑以往会计期间所发生的费用项目或费用数额，而是一切以零为出发点，从实际需要逐项审议预算期内各项费用的内容及开支标准是否合理，在综合平衡的基础上编制预算费用的方法。

①零基预算的程序

A.企业内部各级部门的员工，根据企业的生产经营目标，详细讨论计划期内应该发生的费用项目，并对每一费用项目编写一套方案，提出费用开支的目的以及需要开支的费用数额。

B.划分不可避免费用项目和可避免费用项目。在编制预算时，对不可避免费用项目必须保证资金供应；对可避免费用项目，则需要逐项进行成本与效益分析，尽量控制将不可避免项目纳入预算当中。

C.划分不可延缓费用项目和可延缓费用项目。在编制预算时，应根据预算期内可供支配的资金数额在各费用之间进行分配，应优先安排不可延缓费用项目的支出。然后，再根据需要，按照费用项目的轻重缓急确定可延缓项目的开支。

②零基预算的优点

不受现有费用项目的限制，不受现行预算的束缚，能够调动各方面节约费用的积极性，有利于促使各基层单位精打细算，合理使用资金。

（3）定期预算与滚动预算编制方法

1）定期预算编制方法

定期预算，是指在编制预算时，以不变的会计期间（如日历年度）作为预算期的一种编制预算的方法。这种方法的优点是能够使预算期间与会计期间相对应，便于将实际数与预算数进行对比，也有利于对预算执行情况进行分析和评价。但这种方法固定以1年为预算期，在执行一段时期之后，往往使管理人员只考虑剩下来的几个月的业务量，缺乏长远打算,导致一些短期行为的出现。

2)滚动预算编制方法

滚动预算又称连续预算,是指在编制预算时,将预算期与会计期间脱离开,随着预算的执行不断地补充预算,逐期向后滚动,使预算期始终保持为一个固定长度(一般为12个月)的一种预算方法。

滚动预算的基本做法是使预算期始终保持12个月,每过1个月或1个季度,立即在期末增列1个月或1个季度的预算,逐期往后滚动,因而在任何一个时期都使预算保持为12个月的时间长度,故又叫连续预算或永续预算。这种预算能使企业各级管理人员对未来始终保持整整12个月时间的考虑和规划,从而保证企业的经营管理工作能够稳定而有序地进行。

滚动预算的编制还采用了长期计划、短期安排的方法进行,那就是在编制预算时,先按年度分季,并将其中第一季度按月划分,建立各月的明细预算数字,以便监督预算的执行;至于其他三个季度的预算,可以粗略一些,只列各季总数。到第一季度结束后,再将第二季度的预算按月细分,第三、四季度以及增列的下一年度的第一季度的预算只列出各季度的总……如此类推。采用这种方法编制的预算有利于管理人员对预算资料作经常性的分析研究,并根据当时预算的执行情况及时加以调整。

2.预算的编制程序

企业预算的编制,涉及经营管理的各个部门,只有执行团队参与预算的编制,才能使预算成为他们自愿努力完成的目标,而不是外界强加给他们的枷锁。

企业预算的编制程序如下。企业决策机构根据长期规划,利用本量利分析等工具,提出企业一定时期的总目标,并下达规划指标;最基层成本控制人员自行草编预算,使预算能较为可靠、较为符合实际;各部门汇总部门预算,并初步协调本部门预算,编制出销售、生产、财务等预算;预算委员会审查、平衡各预算,汇总出公司的总预算;经过总经理批准,审议机构通过或者驳回修改预算;把主要预算指标报告给董事会或上级主管单位,讨论通过或者驳回修改;把批准后的预算下达给各部门执行。

(三)预算的编制

1.营业预算的编制

营业预算是企业日常营业活动的预算,企业的营业活动涉及供产销等各个环节及业务。营业预算包括销售预算、生产预算、材料采购预算、直接人工预算、制造费用预算、单位产品生产成本预算、销售及管理费用预算、专门决策预算等。

(1)销售预算

销售预算,是指在销售预测的基础上,根据企业年度目标利润确定的预计销售量、销售单价和销售收入等参数编制的,用于规划预算期销售活动的一种业务预算。在编制过程中,应根据年度内各季度市场预测的销售量和单价,确定预计销售收入,并根据各季现销收入与收回前期的应收账款反映现金收入额,以便为编制现金收支预算提供资料。根据销售预测确定的销售量和销售单价确定各期销售收入,并根据各期销售收入和企业信用政策,确定每期的销售现金流量,是销售预算的两个核心问题。

由于企业其他预算的编制都必须以销售预算为基础,因此,销售预算是编制全面预算的起点。

(2)生产预算

生产预算是为规划预算期生产数量而编制的一种业务预算,它是在销售预算的基础上编制的,并可以作为编制材料采购预算和生产成本预算的依据。编制生产预算的主要依据是预算期各种产品的预计销售量及存货期初期末资料,其计算公式为:

预计生产量 = 预计销售量 + 预计期末结存量 − 预计期初结存量

生产预算的要点是确定预算期的产品生产量和期末结存产品数量,前者为编制材料预算、人工预算、制造费用预算等提供基础,后者是编制期末存货预算和预计资产负债表的基础。

(3)材料采购预算

材料采购预算(直接材料预算)是为了规划预算期材料消耗情况及采购活动而编制的,用于反映预算期各种材料消耗量、采购量、材料消耗成本和材料采购成本等计划信息的一种业务预算。依据预计产品生产量和材料单位耗用量,确定生产需要耗用量,再根据材料的期初期末结存情况,确定材料采购量,最后根据采购材料的付款,确定现金支出情况。

某种材料耗用量 = 产品预计生产量 × 单位产品定额耗用量

某种材料采购量 = 某种材料耗用量 + 该种材料期末结存量 − 该种材料期初结存量

(4)直接人工预算

直接人工预算是一种既反映预算期内人工工时消耗水平,又规划人工成本开支的业务预算。这项预算是根据生产预算中的预计生产量以及单位产品所需的直接人工小时和单位小时工资率编制的。在通常情况下,企业往往要雇用不同工种的人工,必须按工种类别分别计算不同工种的直接人工小时总数;然后将算得的直接人工小时总数分别乘以各该工种的工资率,再予以合计,即可求得预计直接人工成本的总数。

有关数据具体计算公式为：

1）预计产品生产直接人工总工时

某种产品直接人工总工时 = 单位产品定额工时 × 该产品预计生产量

单位产品定额工时是由单位产品生产工艺和技术水平决定的，由产品技术和生产部门提供定额标准，产品预计生产量来自生产预算。

2）预计直接人工总成本

某种产品直接人工总成本 = 单位工时工资率 × 该种产品直接人工总工时

编制直接人工预算时，一般认为各预算期直接人工都是直接以现金发放的，因此不再特别列示直接人工的现金支出。另外，按照我国现行制度规定，在直接工资以外，还需要计提应付福利费，此时应在直接人工预算中根据直接工资总额进一步确定预算期的预计应付福利费，并估计应付福利费的现金支出。为方便计算，假定应付福利费包括在直接人工总额中并全部以现金支付。

由于工资一般都要全部支付现金，因此，直接人工预算表中预计直接人工成本总额就是现金预算中的直接人工工资支付额。

（5）制造费用预算

制造费用预算是反映生产成本中除直接材料、直接人工以外的一切不能直接计入产品制造成本的间接制造费用的预算。这些费用必须按成本习性划分为固定费用和变动费用，分别编制变动制造费用预算和固定制造费用预算。编制制造费用预算时，应以计划期的一定业务量为基础来规划各个费用项目的具体预算数字。另外，在制造费用预算表下还要附有预计现金支出表，以方便编制现金预算。

变动制造费用预算部分，应区分不同费用项目，每一项目根据单位变动制造费用分配率和业务量（一般是直接人工总工时或机器工时等）确定各项目的变动制造费用预算数。其计算公式为：

某项目变动制造费用分配率 = 该项目变动制造费用预算总额 ÷ 业务量预算总数

固定制造费用预算部分，也应区分不同费用项目，每一项目确定预算期的固定费用预算。

在编制制造费用预算时，为方便现金预算编制，还需要确定预算期的制造费用预算的现金支出部分。为方便计算，一般将制造费用中扣除折旧费后的余额，作为预算期内的制造费用现金支出。

（6）单位产品生产成本预算

单位产品生产成本预算是反映预算期内各种产品生产成本水平的一种业务预算。单位产品生产成本预算是在生产预算、材料采购预算、直接人工预算和制造费用预算的基础上编制的，通常应反映各产品单位生产成本，其计算公式为：

单位产品生产成本＝单位直接材料成本＋单位产品直接人工成本＋单位产品制造费用

上述资料分别来自材料采购预算、直接人工预算和制造费用预算。

以单位产品生产成本预算为基础，还可以确定期末结存产品成本，其计算公式为：

期末结存产品成本＝期初结存产品成本＋本期产品生产成本－本期销售产品成本

公式中的期初结存产品成本和本期销售成本，应该根据具体的存货计价方法确定。确定期末结存产品成本后，可以与预计直接材料期末结存成本一起在期末存货预算中予以反映。

（7）销售及管理费用预算

销售及管理费用预算是指以价值形式反映整个预算期内为销售产品和维持一般行政管理工作而发生的各项目费用支出预算。该预算与制造费用预算一样，需要划分固定费用和变动费用列示，其编制方法也与制造费用预算相同。在该预算表下也应附列计划期间预计销售及管理费用的现金支出计算表，以便编制现金预算。

（8）专门决策预算

专门决策预算，又称资本支出预算，是指与项目投资决策相关的专门预算。它往往涉及长期建设项目的资金投放与筹集，并经常跨越多个年度。编制专门决策预算的依据，是项目财务可行性分析资料以及企业筹资决策资料。

2.财务预算的编制

财务预算是企业预算的核心内容，属于企业的综合性预算，包括现金预算、利润表预算和资产负债表预算。

（1）现金预算

现金预算是指以业务预算和专门决策预算为依据编制的，专门反映预算期内预计现金收入与现金支出，以及为满足理想现金余额而进行现金投融资的预算。现金预算由期初现金余额、现金收入、现金支出、现金余缺、现金投放与筹措五部分组成，其计算公式为：

期初现金余额＋现金收入－现金支出＝现金余缺

财务管理部门应根据现金余缺与期末现金余额的比较，来确定预算期的现金投放或筹措。当现金余缺大于期末现金余额时，应将超过期末余额以上的多余现金进行投资；当现金余缺小于现金余额时，应筹措现金，直到现金总额达到要求的期末现金余额。期末现金余额的计算公式为：

期末现金余额＝现金余缺＋现金筹措（现金不足时）＝现金余缺－现金投放（现金多余时）

（2）预计利润表

预计利润表用来综合反映企业在计划期的预计经营成果，是企业最主要的财务预算表之一。编制预计利润表的依据是各业务预算、专门决策预算和现金预算。

（3）预计资产负债表

预计资产负债表用来反映企业在计划期末预计的财务状况。它的编制需以计划期开始日的资产负债表为基础，结合计划期间各项业务预算、专门决策预算、现金预算和预计利润表进行编制。它是编制全面预算的终点。

（四）财务控制

1. 财务控制的概述

财务控制是指以企业财务决策、财务预算为依据，按照一定的程序和方法，确保企业的内部机构和人员全面落实和实现对企业资金的取得、投放、使用和分配过程的控制。

财务管理包括财务预测、财务决策、财务预算、财务控制、财务分析等各个环节，其中财务预测、财务决策、财务预算指明了财务管理的方向和目标，财务控制则是保证实现财务管理目标的关键。财务控制的目的是确保预期目标的实现，尽可能求得最佳的经济效益，它是落实财务计划目标并保证其实现的有效工具。

财务控制借助责任预算、责任报告及业绩考核、内部转移价格等手段，通过价值指标将不同性质的业务综合起来监控，以不同岗位、部门和层次的不同经济业务为综合控制对象，是一种以日常现金流量为主要内容的全面控制。

（1）财务控制按内容分类

财务控制按内容可以分为一般控制和应用控制两类。

1）一般控制。一般控制也称环境控制，是指对企业财务活动赖以进行的内部环境所实施的总体控制，包括组织结构控制、人员控制、财务预算、业绩评价体系、财务记录等内容的控制。这类控制具有间接性的特征，即通过对企业财务活动赖以进行的内部环境控制，间接地对企业财务控制质量等产生影响。

2）应用控制。应用控制也称为业务控制，是指作用于企业财务活动的具体控制，包括业务处理程序中的批准与授权、审核与复核以及为保证资产安全而采取的限制措施等项控制。这类控制的特征在于它们具有直接防止和纠正财务收支错弊的作用。

（2）财务控制按功能分类

财务控制按照功能可以分为预防性控制、侦查性控制、纠正性控制、指导性控制和补偿性控制。

1）预防性控制。预防性控制是指为减少风险、错弊和非法行为发生或减少其发生机会而采取的一系列以防止为目的的控制活动。这类控制主要解决"如何事前就能够防止风险和错弊发生"的问题。

2）侦查性控制。侦查性控制是指为及时识别已经存在的风险以及已经发生的错弊和非法行为，或增强识别能力所进行的各项控制。这类控制主要解决"如何揭露已经发生的风险和错弊"的问题。

3）纠正性控制。纠正性控制是指对那些通过侦查性控制查出来的风险和错弊问题所进行的调整和纠正的控制活动。这类控制主要解决"如何纠正已经发生的风险和错弊"的问题。

4）指导性控制。指导性控制是为了实现有利结果而进行的控制。这类控制主要强调"如何达到并实现有利结果"的问题。

5）补偿性控制。补偿性控制是针对某些环节的不足或缺陷而采取的控制措施。这类控制主要强调"如何补偿存在不足或缺陷的环节"的问题。

（3）财务控制按时间先后分类

财务控制按时间先后可以分为事前控制、事中控制和事后控制三类。

1）事前控制。事前控制也称原因控制，是指企业在财务收支活动尚未发生之前，为防止企业财务资源在质和量上发生偏差而实施的控制。

2）事中控制。事中控制是指在企业财务活动发生过程中，对财务收支活动所进行的控制。

3）事后控制。事后控制是指对财务活动的结果所进行的分析、评价控制。

2. 责任中心的概念

责任中心是指企业为了能够进行有效的控制及内部协调，对承担一定经济责任并享有一定权力和利益的企业内部单位所划分的责任单位。建立责任中心是实行责任预算和责任会计的基础。

企业为了实行有效的内部协调与控制，通常都按照统一领导、分级管理的原则，在其内部合理划分责任单位，明确各责任单位应承担的经济责任、应有的权利，促使各个责任单位尽其责任协同配合实现企业预算总目标。

责任中心具有以下几个方面的特征。

（1）责任中心是一个责、权、利相结合的实体

每一个责任中心都要对一定的财务指标承担完成的责任。同时，责任中心被赋予

与其所承担责任的范围与大小相适应的权利,并规定出相应的业绩考核标准和利益分配标准。

(2)责任中心具有承担经济责任的条件

责任中心具有承担经济责任的条件主要有以下两个方面:责任中心要有履行经济责任中各条款的行为能力;责任中心一旦不能履行经济责任,能对其后果承担责任。

(3)责任中心所承担的责任和行使的权利都应是可控的

每个责任中心只能对其职责范围内的成本、收入、利润和投资负责,这些内容必须是该中心所能控制的内容,在责任预算和业绩考评中也只应包括他们能控制的项目。可控是相对于不可控而言的,一般来说,责任层次越高,其可控范围越大。

(4)责任中心具有相对独立的经营业务和财务收支活动

责任中心具有相对独立的经营业务和财务收支活动,是确定经济责任的客观对象,是责任中心得以存在的前提条件。没有独立的经营业务和财务收支活动,就不存在任何程度的责任,也就不存在责任中心,因此,责任中心应当有独立的经营业务和财务收支活动。

(5)责任中心便于进行责任会计核算或单独核算

责任中心不仅要划清责任,而且要单独核算,划清责任是前提,单独核算是保证。只有划清责任又能进行单独核算的企业内部单位,才是真正意义上的责任中心。

3.责任中心的类型

根据企业内部责任中心的权限范围及业务活动的特点不同,责任中心一般分为成本中心、利润中心和投资中心三大类。

(1)成本中心

成本中心是指不形成收入(或不考核其收入),只对成本或费用承担责任的责任单位,因而不对收入、利润或投资负责。成本中心一般包括企业的供应部门、产品生产部门和管理部门等。

在一个企业中,成本中心的应用范围最广。从一般意义上来看,企业内部凡有成本发生,需要对成本负责并能对成本实施控制的责任单位,都可以设置为成本中心。如从企业工厂到车间、班组都可以称为成本中心。成本中心由于其层次规模不同,其控制和考核的内容也不尽相同,但基本上是一个逐级控制并层层负责的成本中心体系。

1)成本中心的类型

成本中心分为技术性成本中心和酌量性成本中心。

①技术性成本中心。技术性成本中心,是指成本费用的发生额与业务量之间存在一

定的数量依存关系，并且发生的数额通过技术分析可以相对可靠地估算出来。如产品生产过程中发生的直接材料、直接人工、间接制造费用等，均属于技术性成本。

技术性成本的特点是这种成本的发生可以为企业提供一定的物质成果，投入量与产出量之间存在密切的联系。技术性成本可以通过弹性预算予以控制。

②酌量性成本中心。酌量性成本中心，是指该中心费用发生的总额与业务量之间不存在明确的或不具有一定数量依存关系的成本中心，需要采用非技术的方法（如经验）来估算其可能发生的成本额，如研究开发费用、广告宣传费用、职工培训费用等，就属于酌量性成本。

这种成本的特点是成本费用是否发生以及可能的发生额，主要是由管理者决策决定的，主要是为企业提供一定的专业服务，一般不能直接产生可以用货币计量的成果，酌量性成本的控制应着重于预算总额的审批。

2）成本中心的特点

成本中心具有以下几个方面的特点。

①成本中心只考核成本费用而不考核收益。这是由于成本中心一般不具有经营权和销售权，所以在其经济活动中一般不会形成收入。有的成本中心可能有少量的收入，从整体上来看，成本中心经济活动的目的决定了其投入与产出之间不存在密切的对应关系，因而，这些收入不作为主要的考核内容，也不必计算这些货币收入。

②成本中心只对可控成本承担责任。成本费用依据责任主体是否能控制分为可控成本和不可控成本。凡是责任中心能控制其发生及其发生数量的成本费用称为可控成本；凡是责任中心不能控制其发生及其发生数量的成本费用称为不可控成本，也称共同成本。

成本的可控与不可控是以特定的责任中心和特定的时期作为出发点的，这与责任中心所处管理层次的高低、管理权限及控制范围的大小和经营期间的长短有直接关系。如从一个企业来看，几乎所有的成本都可称为可控成本；而对企业内部各部门来说，则既有可控成本，也有不可控成本；通常较低层次的成本中心的可控成本一定是所属较高层次成本中心的可控成本，而较高层次的成本中心的可控成本不一定是较低层次成本中心的可控成本。

③成本中心只对责任成本进行考核和控制。责任成本是以具体的责任单位为对象，以其承担的责任为范围所归集的成本，是各成本中心当期确定或发生的各项可控成本之和。它可分为预算责任成本和实际责任成本，对成本中心工作业绩的考核主要是将实际责任成本与预算责任成本进行比较，正确评价该中心的工作业绩。

3）成本中心的考核指标

成本中心的考核主要是将成本中心发生的实际责任成本同预算责任成本进行比较，从而判断成本中心业绩的好坏。成本中心的考核指标主要采用相对指标和比较指标，包括成本（费用）变动额和变动率两项指标，其计算公式为：

成本（费用）变动额＝实际责任成本（费用）－预算责任成本（费用）

成本（费用）变动率＝成本（费用）变动额÷预算责任成本（费用）×100%

在计算责任预算成本（费用）时，如果实际产量与预算产量不一致，应注意按弹性预算的方法先行调整预算指标，其计算公式为：

预算责任成本（费用）＝实际产量 × 单位预算责任成本

（2）利润中心

利润中心，是指拥有独立或相对独立的生产经营决策权和收入，既对成本负责又对收入和利润负责的责任中心。利润中心往往处于企业内部的较高层次，是比成本中心更高层次的经营管理责任单位，如分厂、分店、分公司，一般具有独立的收入来源或视为一个有独立收入的部门，一般还具有独立的经营权，它不仅要绝对地降低成本，而且要寻求收入的增长，并使之超过成本的增长。

1）利润中心的类型

利润中心可以分为自然利润中心和人为利润中心两种。

①自然利润中心。自然利润中心，是指可以直接对外销售产品并取得收入的利润中心。这种利润中心直接面向市场，具有产品销售权、价格制定权、材料采购权和生产决策权。它是企业内部的一个部门，但其功能和独立企业类似，能够独立控制成本，取得收入。

②人为利润中心。人为利润中心，是指以内部结算为基础，只对内部责任单位提供产品或劳务而取得"内部销售收入"、实现"内部利润"的责任中心。这种利润中心一般不直接对外销售产品。工业企业中的大多数成本中心都可以转化为人为利润中心。人为利润中心与其他责任中心一起确定合理的内部转移价格，并为其他责任中心提供产品或劳务。

2）利润中心的考核指标

利润中心是通过一定时期实际实现利润与责任预算所确定的利润的比较，来评价利润中心的业绩。但由于利润中心成本核算方式不同，因此在具体比较上也有所区别。

①只核算可控成本、不分担不可控成本的利润中心，其考核指标及计算公式为：

利润中心边际贡献总额＝该利润中心销售收入总额－该利润中心可控成本中心（变动成本总额）

边际贡献总额（降低）额＝实际边际贡献总额－预算边际贡献总额

边际贡献总额变动率＝边际贡献总额增长（降低）额÷预算边际贡献总额×100%

如果可控成本中包含可控固定成本，就不完全等于变动成本总额。但一般来说，利润中心的可控成本是变动成本。

②当利润中心计算共同成本或不可控成本时，其考核指标及计算方式为：

利润中心边际贡献总额＝该利润中心销售收入总额－该利润中心变动成本总额

利润中心负责人可控利润总额＝该利润中心边际贡献总额－该利润中心负责人可控固定成本

利润中心可控利润总额＝该利润中心负责人可控利润总额－该利润中心负责人不可控固定成本

公司利润总额＝各利润可控利润总额之和－公司不可分摊的各种管理费用、财务费用等

为了考核利润中心负责人的经营业绩，应针对经理人员的可控成本费用进行评价和考核。这就需要将各利润中心的固定成本区分为可控成本和不可控成本。这主要考虑有些成本费用可以划归、分摊到有关利润中心，却不能为利润中心负责人所控制，如广告费、保险费等。在考核利润中心负责人业绩时，应将其不可控的固定成本从中剔除。

（3）投资中心

投资中心是指既要对成本和利润负责，又要对投资效果负责的责任中心。由于投资的目的是获得利润，因而投资中心同时也是利润中心，但也有不同。投资中心是企业内部最高层次的责任中心，它在企业内部具有最大的决策权，也承担最大的责任。投资中心的管理特征是较高程度的分权管理。

由于投资中心独立性较高，它一般应向公司的总经理或董事会直接负责。对投资中心不应干预过多，应使其享有投资权和较为充分的经营权。投资中心在资产和权益方面应与其他责任中心划分清楚。

投资中心主要考核能集中反映利润与投资额之间关系的指标，包括投资利润率和剩余收益。

1）投资利润率。投资利润率又称投资收益率，是指投资中心所获得利润与投资额之间的比率，其计算公式为：

投资利润率＝利润÷投资额×100%

用投资利润率来评价投资中心的业绩指标，能根据现有会计资料计算得到有关数据，比较客观，能综合反映投资中心的盈利能力；具有较强的可比性，可用于部门之间及不

同行业之间的比较；有利于正确引导投资中心树立长远的经营目标和加强经营管理，促使管理者严格控制效益低的资产占用或投资活动。

但这个指标也存在其局限性：投资中心只顾本身利益而与整个企业的目标背离，以使部门的业绩获得较好的评价，但却损害了企业的整体利益。比如，部门经理可能放弃高于资本成本而低于目前部门投资利润率的机会，或者减少现有的投资利润率较低但高于资本成本的某些资产。

2）剩余收益。剩余收益，是指投资中心获得的实际利润与预算规定的预期利润的差额，其计算公式为：

剩余收益＝实际利润－预算规定的预期利润＝实际利润－投资额×预期最低投资利润率

用剩余收益来评价投资中心的业绩可以克服投资利润率的缺陷，它可以把业绩评价与企业的目标协调一致，只要投资利润率大于预期的最低投资利润率，该项目就是可行的。但该指标是绝对数指标，不便于不同部门之间的比较。

第二节　风险与报酬

一、风险与报酬概述

对于大多数投资者而言，个人或企业当前投入资金是因为期望在未来会赚取更多的资金。报酬（return）为投资者提供了一种恰当地描述投资项目财务绩效的方式。报酬的大小可以通过报酬率来衡量。假设某投资者购入 10 万元的短期国库券，利率为 10%，一年后可获得 11 万元，那么这一年的投资报酬率为 10%，即：

$$投资报酬率 = \frac{投资所得 - 初始投资}{初始投资} = \frac{11-10}{10} \times 100\% = 10\%$$

事实上，投资者获得的投资报酬率就是国库券的票面利率，一般认为该投资是无风险的。然而，如果将这 10 万元投资于一家刚成立的高科技公司，该投资的报酬就无法明确估计，即投资面临风险（risk）。

风险是指在一定条件下、一定时期内，某一行动具有多种可能但结果不确定。人们一般可以事先估计采取某一行动可能导致的各种结果，以及每种结果出现的可能性大小，但无法确定最终结果是什么。例如，掷一枚硬币，我们可以事先知道硬币落地时有正面朝上和反面朝上两种结果，并且每种结果出现的可能性各为 50%，但谁也无法事先知道每一次硬币落地时究竟是正面朝上还是反面朝上，这就是风险。从财务管理角度而言，风险就是企业在财务活动中由于各种难以预料和无法控制的因素，使企业的实际收益与预期收益发生背离，从而蒙受经济损失的可能性。例如，企业所期望的收益率是30%，而实际获得的收益率是20%，两者的差异即反映了风险。

公司的财务决策几乎都是在包含风险和不确定性因素的情况下做出的。离开了风险，就无法正确评价公司投资报酬率的高低。风险是客观存在的，按风险的程度，可以把公司的财务决策分为三种类型。

1. 确定性决策

决策者对未来的情况是完全确定的或已知的决策，称为确定性决策。例如，前述投资者将10万元投资于利息率为10%的短期国库券，由于国家实力雄厚，到期得到10%的报酬几乎是肯定的，因此，一般认为这种决策为确定性决策。

2. 风险性决策

决策者对未来的情况不能完全确定，但不确定性出现的可能性——概率的具体分布是已知的或可以估计的，这种情况下的决策称为风险性决策。

3. 不确定性决策

决策者不仅对未来的情况不能完全确定，而且对不确定性可能出现的概率也不清楚，这种情况下的决策称为不确定性决策。

从理论上讲，不确定性是无法计量的，但在财务管理中，通常为不确定性规定了一些主观概率，以便进行定量分析。不确定性在被规定了主观概率以后，就与风险十分近似。因此，在公司财务管理中，对风险与不确定性并不作严格区分，当谈到风险时，可能是风险，更可能是不确定性。

投资者之所以愿意投资风险高的项目，是因为其获得的报酬率足够高，能够补偿其投资风险。很明显，在上述例子中，如果投资高科技公司的期望报酬率与短期国库券一样，那么几乎没有投资者愿意投资高科技公司。

二、单项资产的风险与报酬

如前所述，对投资活动而言，风险是与投资报酬的可能性相联系的，因此，对风险的衡量就要从投资报酬的可能性入手。

（一）概率

在完全相同的条件下，某一事件可能发生也可能不发生，可能出现这种结果也可能出现另外一种结果，这类事件称为随机事件。概率就是用来反映随机事件发生的可能性大小的数值，一般用 R 表示随机事件，R_i 表示随机事件的第 i 种结果，P_i 表示第 i 种结果出现的概率。一般随机事件的概率在 0 与 1 之间，即 $0 \leq P_i \leq 1$，P_i 越大，表示该事件发生的可能性越大；反之，P_i 越小，表示该事件发生的可能性越小。所有可能的结果出现的概率之和一定为 1，即 $\sum_{i=1}^{m} P_i = 1$。肯定发生的事件概率为 1，肯定不发生的事件概率为 0。

（二）期望报酬率

将各种可能结果与其所对应的发生概率相乘，并将乘积相加，则得到各种结果的加权平均数。此处权重系数为各种结果发生的概率，加权平均数则为期望报酬率（expected rate of return, R）。

期望报酬率的计算过程如下：

$$\overline{R} = P_1 \cdot R_1 + P_2 \cdot R_2 + \cdots\cdots + P_i \cdot R_i + P_i \cdot R_i = \sum_{i=1}^{n} P_i \cdot R_i$$

三、现代资本结构理论

1958 年莫迪格利安尼和米勒发表了著名的 MM 理论（即 MM 无税模型），该理论的提出标志着现代资本结构理论的开端。该理论指出，如果不存在税收和信息不对称，那么企业的价值与它的资本结构无关。显然，MM 无税模型是在极端假设前提下得出的一个具有极端意义的现代资本结构理论。从此以后，经济学家们从放宽 MM 理论的假设条件入手，又陆续开拓了一些重要的资本结构理论，如权衡理论、代理成本学说、控制权理论和信号理论等。

（一）MM 资本结构理论

MM 资本结构理论的发展经过以下三个阶段。

1.MM 无公司税资本结构理论

1958 年，美国财务学者莫迪格利安尼（Franco Modigliani）和米勒（Merton H.Miller）合作，在《美国经济评论》杂志上发表了《资本成本、公司价值与投资理论》（The Cost of Capital, Corporation Finance and the Theory of Investment）一文。MM 在严格假设前提下，以无套利分析技术论证了资本结构与企业价值之间的不相关关系，创立了 MM 资本结构理论。自 MM 资本结构理论提出后，在西方财务理论中，几乎所有的资本结构理论都是围绕该理论的假设与命题进行研究的，由此形成许多资本结构理论学说。

2.MM 有公司税资本结构理论

1963 年 6 月，莫迪格利安尼和米勒在《美国经济评论》杂志上发表了《企业所得税与资本成本》（Corporate Income Taxes and the Cost of Capital）。该文取消了企业无所得税的假设条件，因为企业所得税是客观存在的。为了考虑纳税的影响，MM理论提出了包含企业所得税的两个命题，得出的结论是：企业价值会随财务杠杆系数的提高而增加，对投资者来说，将意味着可获得更多的可分配收入，从而得出企业资本结构与企业价值相关的结论。

3.有企业所得税和个人所得税情况下的MM理论——米勒模型

1976年，米勒在美国财务学会上提出了一个包括企业所得税和个人所得税的模型。1977年5月，米勒在《金融杂志》上发表《负债与税收》（Debt and Taxes）一文，认为MM公司税资本结构理论夸大了公司所得税对于企业价值的正向作用。同时，私人所得税的存在会抵消这种影响。尤其重要的是，在米勒均衡状态下，即使存在着各种所得税，资本结构对企业价值也没有影响。这篇文章标志着MM理论的成熟。

（二）权衡理论

权衡理论认为，米勒模型（MM）只考虑负债带来的纳税利益，未考虑负债带来的财务拮据成本和风险。权衡理论是通过研究负债抵税收益与企业破产成本现值之间的权衡关系来确定企业最优资本结构的理论，因此，权衡理论也称为最优资本结构理论。权衡理论既考虑了负债带来的抵税收益，也考虑了负债带来的各种成本（主要是财务拮据成本和代理成本），在对它们进行权衡的基础上确定企业的资本结构。

财务拮据成本，又称破产成本，是指企业没有足够的偿债能力，不能及时偿还到期债务，从而导致财务风险增加和破产概率增大而出现的成本。财务拮据成本产生的原因是负债，若不能有效控制，轻则会降低企业价值，重则会导致企业破产。

财务拮据成本可分为直接拮据成本和间接拮据成本两部分。直接拮据成本是指与企业破产行为直接相关的成本，包括律师费用、监管费用等；间接拮据成本是企业为了预防和制止破产所发生的各种费用。比如，管理当局为了预防破产所采取的一些不利于企业可持续发展的策略，由此造成企业价值的损失。比如，推迟机器的大修、拍卖有价值的资产来获取现金、降低产品质量以节省成本等，所有这些短期行为均会损害企业的价值。

财务拮据成本和代理成本随着负债的增加而增加，即负债率越高，财务拮据成本和代理成本的支付也就越多，对企业价值的抵消越严重。权衡理论表明：企业有其最佳资本结构，当企业的负债达到最佳负债比例时，企业价值最大。超过这一比例，财务拮据及代理成本的作用显著增强，从而抵消或减少企业价值。也就是说，财务杠杆增加，财务拮据成本增加，破产概率也随之增大。在考虑了财务拮据成本和代理成本时，企业价值的模型为：

$V_L=V_U+TD-FPV-TPV$

其中，V_L 为有负债企业价值；V_U 为无负债企业价值；TD 为负债的纳税利益现值；FPV 为财务拮据成本的现值；TPV 为代理成本的现值。

从模型中可以看出，负债率的提高在有利于企业价值增加（TD）的同时，还会造成企业价值的下降，即财务拮据成本的现值（FPV）和代理成本的现值（TPV）。当负债抵税的边际收益大于边际的财务拮据成本和代理成本时，提高负债率有助于企业价值的提高；相反，当负债抵税的边际收益小于边际的财务拮据成本和代理成本时，提高负债率会降低企业价值。因此，最佳的负债率是在负债抵税的边际收益等于边际的财务拮据成本和代理成本这一点上。

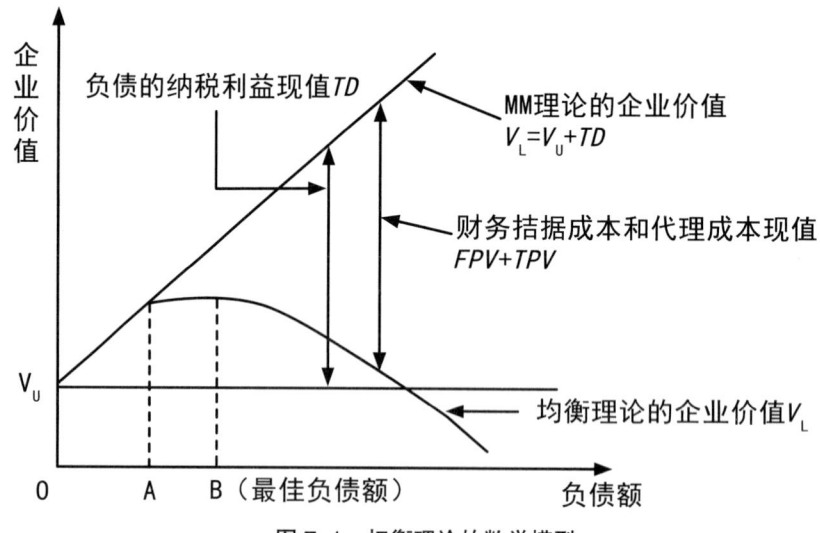

图 7-1　权衡理论的数学模型

在图 7-1 中，负债额达到 A 点前，举债的纳税利益起完全支配作用。超过 A 点，财务拮据成本和代理成本的作用显著增强，抵消了部分纳税利益。在 B 点，负债的纳税收益完全被负债带来的成本所抵消；超过 B 点，则财务拮据成本和代理成本起主导作用，负债带来的成本超过负债的纳税利益，企业价值呈下降趋势。因此，权衡理论认为，企业的最佳资本结构就是 B 点，当企业负债额在达到该点时，企业的价值最大。

权衡理论通过引入财务拮据成本和代理成本，使资本结构理论变得更加符合实际，同时该理论也证明了企业存在最优资本结构。但是权衡理论只是表明财务拮据成本和代理成本是随着负债的增加而不断增加的，却没能找到它们之间的确切的函数关系，因此根据该理论，实际上很难找到最优资本结构。这也是权衡理论的局限性。当然，利用权衡理论依然可以得出以下有用的结论。

1.在其他条件相同的情况下，经营风险大的企业举债规模应该较低，而经营风险小的企业则可以适当扩大举债规模。因为风险大的企业，出现财务拮据的可能性较大，财务拮据的预期成本也会较高。

2. 在其他条件相同的情况下，拥有较多有形资产的企业要比拥有较多无形资产的企业举债规模高。因为当财务拮据发生时，有形资产能以更合理的价值变现，而无形资产在财务拮据发生时更易于失去其价值。

3. 在其他条件相同的情况下，企业的边际所得税率较高，利用负债的可能性越大。因为在高税率下利用负债，可以带来较高的减税利益。在财务拮据成本和代理成本完全抵消减税效益之前，企业可以承担更多的负债。

（三）代理成本学说

代理成本学说是新资本结构理论的一个主要代表，它通过引入代理成本这个概念来分析公司最优资本结构的决策。詹森（Jensen）和麦克林（Meckling）(1976)在《企业理论：管理行为、代理成本和所有权结构》(Theory of the Firm: Managerial Behavior, Agency Costs and Ownership Structure) 一文中综合考虑了代理理论、产权理论和财务理论几个方面的因素，系统地分析和解释了信息不对称下的资本结构问题。

Jensen 和 Meckling 认为，现代公司运营中存在两大利益冲突：股东与管理当局之间的利益冲突和债权人与股东之间的利益冲突。股东与管理当局之间的利益冲突是因为股东是企业的终极所有者，享有剩余收益权和剩余控制权；而管理当局不能百分之百地控制剩余权益。Jensen 和 Meckling 把股东与管理当局的这种利益冲突导致的代理成本界定为"外部股权代理成本"，而把债权人与股东利益冲突以及与债务相伴随的破产成本等界定为"债务的代理成本"。Jensen 和 Meckling 认为伴随着财务杠杆比例的变动，两种代理成本会呈现此消彼长的权衡（trade-off）关系，即债务的增加对代理成本有两方面的影响。一方面，管理当局所占公司的股份越大，"逆向选择"和"道德风险"产生的可能性就越小。在投资既定的情况下，增加公司中的债务筹资比例，会增加其持股比例，并且减少"外部股权代理成本"；另一方面，债务筹资比例的增加，债务本息偿还的硬性约束和破产可能性的增加，相应地，也增加了"债务的代理成本"。因此，Jensen 和 Meckling 认为两者之和最小时实现最优资本结构。

代理成本学说的另一位主要代表人物是迈尔斯（Myers）。Myers(1977)研究了企业借贷的决定问题，提出了债务的另一类代理成本，即由于债务是一种硬性约束。因此，当企业负债过多时，企业将会放弃一些 NPV 大于零的项目而选择一种种次优的投资决策。最优决策与次优决策的收益差值可以视为债务的代理成本，因此，在债务的收益与其运用的成本之间存在一个最优的均衡，此时的资本结构最优。

(四)资本结构的控制权理论

控制一个大公司的权利是有价值的,在职经理会利用资本结构来维护其控制权,将债权转化为股权,会将投票权从那些并不追求控制权的投资者手中转移到追求控制权的投资者手中;如果在职经理选择很高的负债水平,竞争者根本没有机会获得控制权(不成功的要约收购),竞争者的出现就没有价格效应;非常低的负债水平可能导致成功的要约收购,中等负债水平意味着任何可能都会出现,控制权取决于代理权之争。因此,债务杠杆可以成为管理能力不强的经理反对接管或兼并的一种办法。

从某种意义上说,在职经理与潜在的股权收购者之间的控制权之争取决于其拥有股权的多少,企业筹资结构中的债务或优先股和认股权证这类没有投票权的筹资工具越多,在职经理的控制权越大。

债务筹资与股票筹资不仅收益索取权不同,而且控制权安排也不相同。通常债务筹资契约是和破产机制相联系,而股票筹资契约是与保持清偿能力下的企业经营控制权相联系。对于债务筹资而言,如果企业经营者能按期还本付息,则经营者就拥有企业控制权;如果企业经营亏损或不能按期还本付息,那么控制权就转移给债权人,债权人可以行使控制权接管企业。如果企业筹资是采用有投票权的股票(普通股)进行筹资,则股东就拥有企业控制权;如果企业用没有投票权的股票(优先股)进行筹资,则控制权就归企业经营者掌握。从本质上讲,企业筹资方式的选择在很大程度上影响着企业控制权的变化。他们证明,在契约及不完全信息的情况下,筹资结构的选择就是控制权在不同证券持有者之间分配的选择;最优的负债比率应该是:在该负债水平上导致企业破产时将控制权从股东转移给债权人。

从公司治理角度来看,现代公司的一个典型特征是公司的内部人控制问题,即往往是内部的管理当局而不是股东实质上掌握了公司的控制权。因此,公司的很多经营决策是出于管理当局利益的考虑,而并非为公司股东的利益着想。由于管理当局的利益是来自对公司的控制,一般而言,公司的管理当局都有控制权偏好。从筹资方式选择来看,内部筹资对管理当局来说是最好的选择,因为它不但不会影响管理当局的控制权,而且由于管理当局将前期获得的收益用于新的投资而不必向股东发放股利,因此,管理当局事实上控制的资金更多,拥有的权利更大。从外部筹资来看,管理当局更加偏好股权筹资而不是债权筹资。因为从根本上讲,管理当局对公司的事实控制就是源于公司股权的过度分散。进一步发行新股,将会导致公司的股权进一步分散,有利于管理当局进一步控制公司;而在比较严格的债务约束下,债权人会通过指定保护性条款的手段,对管理当局的行为进行限制和干涉,妨碍管理当局的实际控制。因此,在内部人控制的公司中,资本结构的决策标准是管理当局的利益最大化而不是股东利益最大化。

(五)资本结构的信号理论

系统地将信息不对称理论引入资本结构分析的学者是罗斯（Ross）。在 MM 理论的基本假设中，Ross(1977) 仅仅放松了关于充分信息的假设，Ross 假设企业经营者对企业的未来收益和投资风险有内部信息，而投资者没有这些内部信息。这样，投资者只能通过企业发出的信息来评价企业价值。企业所选择的资本结构就是把内部信息传递给市场的一个信号。因此，Ross 认为给定投资水平，负债率可以充当内部人有关企业收益分布的私人信息的一个信号。由于破产概率和企业质量负相关，而与负债率正相关，外部投资者则把较高的负债水平看作是较好质量企业的信号，低负债水平被视为劣质企业的信号，投资者可以依据这种信号做出自己的投资选择。而对管理当局而言，给定破产处罚，则会选择最大化其预期效用的负债水平。

从管理者和投资者之间有关企业投资项目收益的信息不对称和管理者的风险厌恶的角度，探讨了资本结构的信息传递功能。假定管理者是风险厌恶者，并且了解公司未来收益状况。当企业增加负债比例时，企业的股权结构中管理者的持股比例将相对上升。由于股权资产属于风险资产，对于风险厌恶的管理者来讲，持股比例上升对拥有优良投资项目的管理者效用的影响比对拥有低质投资项目的管理者效用的影响要小。因此，拥有优良投资项目的管理者可通过增加负债、提高负债比例的方式，向外部投资者传递其投资项目为优良项目的信息。投资者可以认为：管理者所占股份越大，表明管理者对公司的前途看好，因而公司价值也越大。

信号理论主张负债筹资能向外部投资者传递公司未来前景看好的正面信号，因此，企业会重视债务的信号传递功能。在筹资时，优先考虑债务筹资而不是股权筹资。

汇总上述各种资本结构理论或模型，可得出这样一个结论：负债率的高低从根本上决定了企业财务风险的大小。负债率越高，财务风险就越大，企业出现破产的概率也就越大。

四、投资组合理论

投资组合理论是由哈利马柯维茨（Harry M.Markowitz）于 1952 年在题为《资产组合选择》的论文中首次提出的，成为现代投资理论的起源，为现代金融资产定价理论的建立和发展奠定了基础。该理论主要解决投资者如何衡量不同的投资风险以及如何合理组合自己的资金以取得最大收益问题。该理论认为组合金融资产的投资风险与收益之间存在一定的特殊关系，投资风险分散具有规律性。

马柯维茨的投资组合理论是基于一定的假设之上的。第一，假设市场是有效的，投资者能够得知金融市场上多种收益和风险变动及其原因；第二，假设投资者都是风险厌恶者，都愿意得到较高的收益率，如果要他们承受较大的风险则必须以得到较高的预期收益作为补偿。风险是以收益率的变动性来衡量的，用统计上的标准差来代表；第三，假定投资者根据金融资产的预期收益率和标准差来选择投资组合，而他们所选取的投资组合具有较高的收益率或较低的风险；第四，假定多种金融资产之间的收益都是相关的，如果得知每种金融资产之间的相关系数，就有可能选择最低风险的投资组合。

根据上述假设，马科维茨通过"预期收益——方差分析"方法对投资组合的风险进行了衡量。衡量 N 项资产形成的投资组合的风险，公式如下：

$$\sigma_P^2 = \sum_{i=1}^n W_i^2 \sigma_i^2 + \sum_{i=1}^n \sum_{j=1}^n W_i W_j \sigma_j$$

其中，Wi 为第 i 项资产在投资组合整体中的投资比例；σ_{ij} 为第 i 项资产和第 j 项资产期望收益的协方差；n 为投资组合中资产的种数。

从上式可知，当投资组合是由 N 种资产组成时，组合总体的方差是由 N_2 个项目，即 N 个方差和 $N(N-1)$ 个协方差组成。随着投资组合中资产个数的增加，单个资产的方差对投资组合总体的方差形成的影响会越来越小；而资产与资产之间的协方差的影响将越来越大。当投资组合中的资产数目达到非常大时，单个资产的方差对投资组合总体方差形成的影响几乎可以忽略不计。

基于马柯维茨的投资组合理论的假设，即"假设投资者都是风险厌恶者，都愿意得到较高的收益率，如果要他们承受较大的风险则必须以得到较高的预期收益作为补偿"，投资者都希望实现在同等风险条件下的投资收益最大化或同行收益条件下的投资风险最小化。通过投资组合可以分散投资风险。

在现实证券市场上，各种证券的收益率之间不存在完全的正相关关系，即当收益率发生变动时，不同的证券收益率之间不会存在完全一致的同步变化关系，而是会出现同方向但不同幅度，或者反方向的变化情形。这样可以使风险在不同的证券之间在一定程度上相互抵消，从而降低整个投资组合的风险。投资组合中选取的证券种类越多，风险相互抵消的作用也就越显著。但随着证券种类的增加，风险减少的程度逐渐递减，直到非系统风险完全抵消，只剩下由市场因素引起的系统风险。

研究马柯维茨的投资组合理论的目的在于：在投资决策中，寻求一种最佳的投资组合，即在同等风险条件下收益最高的投资组合或在同等收益条件下风险最小的投资组合。

五、资本资产定价模型

在马科维茨的投资组合理论的基础上,威廉·夏普(William F.Sharpe)于 1964 年提出了资本资产定价模型(capital assets pricing model,简称 CAPM)。该理论以资本市场线为研究切入点,即研究当市场上存在无风险资产且市场达到均衡的情况下,投资者最优投资组合与市场组合在期望收益率与风险上存在的联系;并进一步运用资本资产定价模型为单个证券的风险测定提供了基本的数理模型,通过将资产的预期收益率与 β 系数相关联,从理论上探讨在分散化投资中如何有效计量某项证券的风险。

在资本资产定价模型中,某种证券(或组合)的期望收益率就是无风险收益率加上该种证券的系统风险溢价。即:

$Rj=Rf+\beta j(Rm-Rf)$

其中,Rj 为第 j 种证券的期望收益率或投资者要求的收益率(在市场均衡条件下,两者相等),Rf 为无风险收益率(通常用政府债券利率表示),Rm 为市场投资组合收益率,$(Rm-Rf)$ 为市场风险溢价,βj 为第 j 种证券的贝他系数,$(Rm-Rf)\beta j$ 为第 j 种证券的风险溢价。

资本资产定价模型中,β 系数是一种系统风险指数,它用于衡量个别证券收益率的变动对于市场组合收益率变动的敏感性。β 系数可以是正数,也可为负数。通常将市场组合的 βm 系数定义为 1,无风险资产的 β 系数定义为 0。如果某种证券的风险情况与整个证券市场的风险相一致,则其系数等于 1;如果某种证券的系数大于 1,说明其风险程度大于整个市场风险;反之,如果某种证券的系数小于 1,则说明其风险程度小于整个市场风险。

(一)两种风险

1. 系统风险

指市场中无法通过分散投资来消除的风险也被称作为市场风险(market risk)。比如说利率、经济衰退、战争,这些都属于不可通过分散投资来消除的风险。

2. 非系统风险

也被称作为特殊风险(Unique risk 或 Unsystematic risk),这是属于个别股票的自有风险,投资者可以通过变更股票投资组合来消除的。从技术角度来说,非系统风险的回报是股票收益的组成部分,但它所带来的风险是不随市场的变化而变化的。现代投资组合理论(Modern portfolio theory)指出,特殊风险是可以通过分散投资(Diversification)

来消除的。即使投资组合中包含了所有市场的股票，系统风险亦不会因分散投资而消除，在计算投资回报率的时候，系统风险是投资者最难以计算的。

（二）投资理论

1. 凯恩斯选美论

选美论是由英国著名经济学家约翰·梅纳德·凯恩斯（John Maynard Keynes）创立的关于金融市场投资的理论。凯恩斯用选美论来解释股价波动的机理，认为金融投资如同选美，投资人买入自己认为最有价值的股票并非至关重要，只有正确地预测其他投资者的可能动向，才能在投机市场中稳操胜券，并以类似击鼓传花的游戏来形容股市投资中的风险。

2. 随机漫步理论（Random Walk Theory）

1959年，奥斯本（M.F.M Osborne）提出了随机漫步理论，认为股票交易中买方与卖方同样聪明机智，现今的股价已基本反映了供求关系；股票价格的变化类似于化学中的分子"布朗运动"，具有随机漫步的特点，其变动路径没有任何规律可循。因此，股价波动是不可预测的，根据技术图表预知未来股价走势的说法，实际上是一派胡言。

3. 现代资产组合理论（MPT）

1952年，美国经济学家马柯维茨（Harry M.Markowit）在他的学术论文《资产选择：有效的多样化》中，首次应用资产组合报酬的均值和方差这两个数学概念，从数学上明确地定义了投资者偏好，并以数学化的方式解释投资分散化原理，系统地阐述了资产组合和选择问题，标志着现代资产组合理论（Modern Portolio Theory，简称MPT）的开端。该理论认为，投资组合能降低非系统性风险，一个投资组合是由组成的各证券及其权重所确定，选择不相关的证券应是构建投资组合的目标。它在传统投资回报的基础上第一次提出了风险的概念，认为风险而不是回报，是整个投资过程的重心，并提出了投资组合的优化方法，马柯维茨因此获得了1990年诺贝尔经济学奖。

4. 有效市场假说（EMH）

1965年，美国芝加哥大学金融学教授尤金·法玛（Eugene Fama），发表了一篇题为《股票市场价格行为》的论文，于1970年对该理论进行深化，并提出有效市场假说（Effcient Markets Hypothesis，简称EMH）。有效市场假说有一个颇受质疑的前提假设，即参与市场的投资者有足够的理性，并且能够迅速对所有市场信息做出合理反应。该理论认为，在法律健全、功能良好、透明度高、竞争充分的股票市场，一切有价值的信息已经及时、准确、充分地反映在股价走势当中，其中包括企业当前和未来的价值，除非存在市场操纵，否则投资者不可能通过分析以往价格获得高于市场平均水平的超额利润。

有效市场假说提出后，便成为证券市场实证研究的热门课题，支持和反对的证据都很多，是最具争议的投资理论之一。尽管如此，在现代金融市场主流理论的基本框架中，该假说仍然占据重要地位。

2013年10月14日，瑞典皇家科学院宣布授予美国经济学家尤金·法玛、拉尔斯·皮特·汉森以及罗伯特·J.席勒该年度诺贝尔经济学奖，以表彰他们在研究资产市场的发展趋势采用了新方法。瑞典皇家科学院指出，三名经济学家为资产价值的认知奠定了基础。几乎没什么方法能准确预测未来几天或几周股市债市的走向，但可以通过研究对三年以上的价格进行预测。"这些看起来令人惊讶且矛盾的发现，正是今年诺奖得主分析做出的工作"，瑞典皇家科学院说。

值得一提的是，尤金·法玛和罗伯特·席勒持有完全不同的学术观点，前者认为市场是有效的，而后者则坚信市场存在缺陷。这也从另一个侧面证明，至今为止人类对资产价格波动逻辑的认知，还是相当肤浅的，与我们真正把握其内在规律的距离，仍然非常遥远！

5. 为金融学（BF）

1979年，美国普林斯顿大学的心理学教授丹尼尔·卡纳曼（Daniel Kahneman）等人发表了题为《期望理论：风险状态下的决策分析》的文章，建立了人类风险决策过程的心理学理论，成为行为金融学发展史上的一个里程碑。

行为金融学（Behavioral Finance，简称BF）是金融学、心理学、人类学等有机结合的综合理论，力图揭示金融市场的非理性行为和决策规律。该理论认为，股票价格并非只由企业的内在价值所决定，还在很大程度上受到投资者主体行为的影响，即投资者心理与行为对证券市场的价格决定及其变动具有重大影响。它是和有效市场假说相对应的一种学说，主要内容可分为套利限制和心理学两部分。

由于卡纳曼等人开创了"展望理论"（Prospect Theory）的分析范式，成为20世纪00年代之后行为金融学的早期开拓者。瑞典皇家科学院在2002年10月宣布，授予丹尼尔·卡纳曼等人该年度诺贝尔经济学奖，以表彰其综合运用经济学和心理学理论，探索投资决策行为方面所做出的突出贡献。

现今成型的行为金融学模型还不多，研究的重点还停留在对市场异常和认知偏差的定性描述和历史观察上，以及鉴别可能对金融市场行为有系统影响的行为决策属性。

大致可以认为，到1980年，经典投资理论的大厦已基本完成。在此之后，世界各国学者所做的只是一些修补和改进工作。例如，对影响证券收益率的因素进行进一步研究，对各种市场异相进行实证和理论分析，将期权定价的假设进行修改等。

6. 演化证券学（EAS）

2010年，中国演化分析专家吴家俊在其专著《股市真面目》及一系列研究成果中，创造性提出股票市场是基于人性与进化法则的复杂自适应系统理论体系，首次建立起演化证券学的基本框架和演化分析的理论内涵。该学说运用生命科学原理和生物进化思想，以生物学范式（Biological Paradigm）全面和系统阐释股市运行的内在动力机制，为解释股市波动的各种复杂现象，构建科学合理的投资决策框架，提供了令人信服的依据。

作为一个全新的认识论和方法论体系，演化证券学（Evolutionary Analysis Theory of Security，简称EAS）摒弃证券市场行为分析中普遍流行的数学和物理学范式，突破机械论的线性思维定式和各种理想化假设，重视对"生物本能"和竞争与适应的研究，强调人性和市场环境在股市演化中的重要地位；认为股市波动在本质上是一种特殊的、复杂多变的生命运动，而不是传统经济学认为的线性的、钟摆式的机械运动，其典型特征包括代谢性、趋利性、可塑性、应激性、异性、节律性等。这就是为什么股市波动既有一定规律可循，又难以被定量描述和准确预测的最根本原因。

比较常用的演化证券学模型，主要有如下几种：MGS模型、BGS模型、AGS模型、PGS模型、IGS模型、VGS模型、RGS模型等。

当前，除了学科内部的纵深发展外，金融学领域的学科交叉与创新发展的趋势非常明显。作为介于生物学和证券学之间的边缘交叉学科，演化证券学已成为证券投资界的新兴研究领域，对于揭示股票价格形成机制及其演变规律，推动现代金融理论的多学科融合发展，都具有十分重要的理论和实践意义。

六、控制论

控制论是研究系统的通信、调节与控制的一般规律的科学，它的任务是使系统能在稳定的运行中，实现自己的目标。1948年，诺伯特·维纳在《控制论——关于动物和机器中控制和通信的科学》中，指出了通信和控制系统的共同特点在于都包含了一个信息变换的过程。诺伯特·维纳综合了通信技术和自动控制领域的最新研究成果，并把这些系统的机制和现代生物学所发现的生物机体中的某些控制机制加以类比，形成了控制论。

控制论的核心观点是：一切类型的系统都是通过揭示实现目标过程中的错误和采取纠正措施的信息反馈来控制自己的。这一点奠定了财务风险控制系统的理论基石。这一反馈控制系统包括四个基本要素：探测器或感应器，用来探测过程控制中所发生的事情；鉴定器，用来对所发生的事情进行评价，通常将一些标准与实际情况比较或者将事物的计划与实际发生的信息比较；受动器，又称"反馈设备"，是指在鉴定器指示行为变动时改变运动的设备;通信系统,是在感应器、鉴定器和受动器之间传输信息的装置设备。其控制过程如图7-2所示。

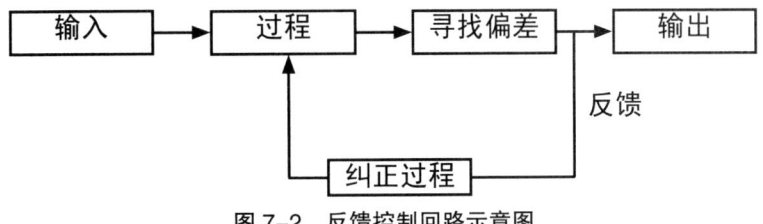

图7-2 反馈控制回路示意图

控制论自1948年创立以来,其基本的观点、概念、方法和理论迅速被推广应用到各个领域。波兰经济学家奥斯卡·兰格在受到维纳的思想启发后,运用控制论的基本原理与方法研究和分析经济过程,于1965年出版《经济控制论导论》一书,首次系统地论述了经济控制论的概念、方法和理论,从而创立了经济控制论。其基本理论模型如图7-3所示。

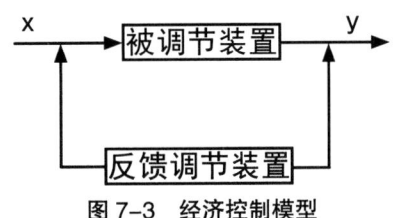

图7-3 经济控制模型

图7-3中,X代表一系列输入向量,如物资(原材料、半成品、成品等),能源与信息(科技、商业情报、决策指令、效果反馈等),资金(货币、各种有价证券等),劳力(体力、脑力)等一系列经济物质;Y代表一系列输出向量,如商品、劳务、信息、能源等。

经济控制论主要是侧重于宏观的国民经济管理领域,当其基本原理被引用到微观的企业经营管理中时,便形成了管理控制理论。管理控制是指为了确保组织的目标以及为此而拟订的计划能够得以实现,各级主管人员根据事先确定的标准或因发展的需要而重新拟定的标准,对下级的工作进行衡量和评价,并在出现偏差时进行纠正,以防止偏差继续发展或今后再度发生;或者,根据组织内外环境的变化和组织的发展需要,在计划的执行过程中,对原计划进行修订或制订新的计划,并调整整个管理工作过程。管理活动中的控制工作,是一个完整的复杂过程,管理控制系统是一种个有组织的系统,其实质也是信息反馈。

由于经济学以理性的、自私的经济人假设作为一切研究的出发点和前提,而管理学所研究的人是社会人,除理性的选择之外,还存在着很多非理性的、感性的因素,因此管理控制系统就显示出与经济系统不同的特点。主要表现在:管理控制系统的标准不是现成的，而是一个有意识的计划过程的结果。管理控制不同于一般的系统，其控制过程的完成，不是自动的，而是需要人为因素的参与才能完成的。尽管存在一些将正在发生的情况同一些应该发生的情况相对比的常规方法，但还是需要管理者自己判断真实情况同标准情况之间的差异是否足以引发修正行为以及该采用什么样的行动。试图改变组织行为的行动必定要涉及人。为了实现改变，管理者必须同其他人合作。管理控制系统与经济控制系统相比，更需要团队合作精神。

企业活动大体上由经营活动与财务活动两方面组成，企业管理控制系统的构建，必须考虑经营和财务这两种不同的控制系统及其特性。相应地，企业内部权力划分包括经营权与财权两个具体层面，前者涉及实物控制权（供、产、销及其决策控制），它主要针对实物性的采购、生产、销售等环节上的权力划分和控制制度安排而言；后者涉及价值控制权（资金调度、投资及使用、收回等一系列决策控制）。针对价值性的权力划分和控制制度安排，就企业的内部治理而言，财务控制权的构建比经营控制权的构建甚至更为有效。

作为当代财务风险控制系统的理论基石，管理控制论说明了财务风险控制系统至少应该包括控制的主体、客体、控制对象以及所采取的控制方法。其中，信息的传输、反馈控制是最基本的控制手段，一切控制系统的构建首先必须保证信息传输是通畅的。对企业而言，如果在各层级的管理人员乃至企业一般员工之间信息沟通不畅，控制系统的构建将功亏一篑。

财务风险控制体系的构建，本质上属于管理控制系统的范畴，秉承了管理控制系统的一切特点，管理控制系统的特点至少说明：控制系统的构建必须先制订计划，确立标准。体现在财务风险控制系统的构建上，是计划和预算在前，实施控制在后。预算标准的制定也是一个事前控制的过程，通过预算的编制为实施控制提供依据，通过预算的执行和调整来实施控制，通过预算执行情况的分析反馈来进行事后控制，控制贯穿于预算的整个过程中。控制系统需要根据企业内外部环境的改变而对控制标准和所采取的控制措施做出相应调整，避免僵化。

尽管控制论、经济控制论和管理控制论各有其特点，但其本质都是反馈原理的运用，都遵循反映计划要求、组织适宜性、控制关键点以及例外管理原理。财务风险控制的理论正是在综合了控制论的基本模型与管理控制系统特点的基础上形成的。

综上所述，以上各种经济学、管理学和财务学的理论，从不同角度为企业财务风险的评价和控制研究提供了坚实的理论基础。效用理论阐述了在面对风险时如何根据自己的风险偏好做出决策；委托代理理论揭示了企业财务风险产生的根源；资本结构理论探讨了资本结构与企业价值及其风险之间的相互关系；现代投资组合理论和资本资产定价模型论述了财务风险的度量与风险分散问题；控制论为构建财务风险控制体系、选择风险控制策略提供了理论支持。

第三节　证券估值

一、债券的特征及估值

债券是由公司、金融机构或政府发行的，表明发行人对其承担还本付息义务的一种债务性证券，是公司对外进行债务筹资的主要方式之一。作为一种有价证券，其发行者和购买者之间的权利和义务是通过债券契约固定下来的。

（一）债券的主要特征

尽管不同公司的债券往往在发行的时候订立了不同的债券契约，如有的债券到期可以转换成公司的普通股，有的债券在约定的条件下可以提前偿付等，但是典型的债券契约至少包括以下条款。

1. 票面价值

债券票面价值又称面值，是指债券发行人借入并且承诺于债券到期时偿付持有人的金额。如美国公司发行的大多数债券面值是 1 000 美元，而我国公司发行的企业债券面值大多为 100 元。

2. 票面利率

债券的票面利率是债券持有人定期获取的利息与债券面值的比率。

3. 到期日

债券一般都有固定的偿还期限，到期日即指期限终止之时。债券期限有的短至 3 个月，有的则长达 30 年。往往到期时间越长，其风险越大，债券的票面利率也越高。

（二）债券投资的优缺点

1. 债券投资的优点

债券投资的优点主要表现在以下三个方面。

（1）本金安全性高。与股票相比，债券投资风险比较小。政府发行的债券有国家财力做后盾，其本金的安全性非常高，通常视为无风险证券。公司债券的持有者拥有优先求偿权，即当公司破产时，优先于股东分得公司资产，因此，其本金损失的可能性小。

（2）收入比较稳定。债券票面一般都标有固定利息率，债券的发行人有按时支付利息的法定义务。因此，在正常情况下，投资于债券都能获得比较稳定的收入。

（3）许多债券都具有较好的流动性。政府及大公司发行的债券一般都可在金融市场上迅速出售，流动性很好。

2. 债券投资的缺点

债券投资的缺点主要表现在以下三个方面。

（1）购买力风险比较大。债券的面值和利息率在发行时就已确定，如果投资期间的通货膨胀率比较高，则本金和利息的购买力将不同程度地受到侵蚀，在通货膨胀率非常高时，投资者虽然名义上有报酬，实际上却遭受了损失。

（2）没有经营管理权。投资于债券只是获得报酬的一种手段，无权对债券发行单位施以影响和控制。

（3）需要承受利率风险。市场利率随时间上下波动，市场利率的上升会导致流通在外的债券价格下降。由于市场利率上升导致的债券价格下降的风险称为利率风险。假如以100元的价格购买面值为100元的A公司债券，期限为5年，票面利率为10%。第2年市场利率升至15%，则债券的价格会下跌到85.73元，因此每张债券将损失14.27元，上升的市场利率导致了债券持有者的损失。因此，投资债券的个人或公司承受着市场利率变化的风险。

二、股票的特征及估值

股票投资是公司进行证券投资的一个重要方面，随着我国股票市场的发展，股票投资已变得越来越重要。

（一）股票的构成要素

为了更好地理解股票估值模型，我们有必要介绍股票的一些构成要素。

1. 股票价值

投资股票通常是为了在未来能够获得一定的现金流入。这种现金流入包括两部分：每期将要获得的股利以及出售股票时得到的价格收入。有时为了将股票的价值与价格相区别，也把股票的价值称为"股票内在价值"。

2. 股票价格

股票的价格是指其在市场上的交易价格，它分为开盘价、收盘价、最高价和最低价等。股票的价格会受到各种因素的影响而出现波动。

3. 股利

股利是股份有限公司以现金的形式，从公司净利润中分配给股东的投资报酬，也称"红利"或"股息"。但它也只是当公司有利润并且管理层愿意将利润分给股东而不是将其进行再投资时，股东才有可能获得股利。

（二）股票的类别

股票有两种基本类型：普通股和优先股。

普通股股东是公司的所有者，他们可以参与选举公司的董事，但是当公司破产时，普通股股东只能最后得到偿付。普通股股东可以从公司分得股利，但是发放股利并不是公司必须履行的义务。因此，普通股股东与公司债权人相比，要承担更大的风险，其报酬也具有更大的不确定性。

优先股则是公司发行的求偿权介于债券和普通股之间的一种混合证券。优先股相对于普通股的优先权是指清算时的优先求偿权，但是这种优先权的获得使优先股股东通常丧失了与普通股股东一样的投票权，从而限制了其参与公司事务的能力。优先股的现金股利是固定的，且先于普通股股利发放，每期支付的股利类似于债券支付利息。不同的是，如果公司未能按时发放股利，优先股股东不能请求公司破产。当然，公司为保持良好的财务声誉，总是会想方设法满足优先股股东的股利支付要求。

明确财务管理的目标，是搞好财务工作的前提。企业财务管理是企业管理的一个组成部分，企业财务管理的整体目标应该和企业的总体目标保持一致。因此，我们所说的财务管理的目标，是企业理财活动希望实现的结果，是评价企业理财活动是否合理的基本标准，也是在财务管理实践中进行财务决策的出发点和归宿。那么，为了实现财务管理的目标，我们必须要了解财务管理。

结　语

综上所述，促使管理会计与财务会计有效融合的必要保障就是对于会计人员综合素养的培育以及提升。这要求着企业管理人员首先树立大局意识，能够从宏观的视角来看待企业财务管理发展的趋势，并认知到管理与财务会计融合的重要意义。企业也需要有意识地对财务人员的思想观念进行熏陶，并定期提供培训课程，以不断强化财务人员的专业素养以及业务能力，从而为会计融合提供核心动力。最后，企业需要运用多元化手段来帮助财务人员树立"大财务观念"，以使得财务人员能够从企业发展的长远视角来看待自身的工作内容，明确自身的工作价值，提升对于企业的忠诚度以及荣誉感，从而有效运用专业会计技能来保障企业资金安全，促进企业健康发展。

采集财务会计基础数据是会计确认、填制会计凭证的过程，模型运算就是编制会计分析与记录的过程。管理会计基础数据的采集过程是挑选循环的原始信息，模型运算过程是对比、计算和差异分析，最后产生相应的报告。在两种信息采集的过程中，其信息源头都是在企业的经营活动中产生的，因此，可以通过原始数据的整合来实现两者工作内容的有效结合。

在企业会计部门，管理会计和财务会计都是不可或缺的两个系统，两者进行完美的结合可以在很大程度上降低企业的经营管理成本，提高整个企业的竞争水平，提高整个企业的经营管理效率。管理会计与财务会计都是企业财务管理工作中的重要构成部分，两者之间既有关联又有所不同。随着市场经济环境的发展与变化，将两者进行有机融合已经成为企业发展的必然趋势。基于此，企业管理阶层必须认知到会计融合的重要意义，并采取多元化的手段进行合理的会计融合，以保障会计工作健康可持续发展。

参考文献

[1] 姜晓琳，韩璐，杨硕.财务会计基础及经济管理研究 [M].文化发展出版社.2020.

[2] 王喜忠，王绍信.军队财务会计基础管理研究 [M].沈阳：白山出版社.1989.

[3] 张丽，赵建华，李国栋.财务会计与审计管理 [M].北京：经济日报出版社.2019.

[4] 黄延霞.财务会计管理研究 [M].北京：经济日报出版社.2018.

[5] 龚菊明.基础会计 [M].苏州：苏州大学出版社.2017.

[6] 何廷高，饶玮，吕斌.会计学基础 [M].苏州：苏州大学出版社.2019.

[7] 王桂华，李玉华.管理会计 [M].北京：北京理工大学出版社.2019.

[8] 张素云.基础会计 [M].上海：上海交通大学出版社.2017.

[9] 傅金平，阳正发.中级财务会计 [M].北京：北京理工大学出版社.2018.

[10] 郭莉莉，邸砳，倪晓丹.财务会计学 [M].北京：北京理工大学出版社.2018.

[11] 罗勇.高级财务会计 第 3 版 [M].上海：立信会计出版社.2018.

[12] 裴淑红，王海霞.中级财务会计 [M].北京：中国物价出版社.2018.

[13] 朱红波，叶维璇.管理会计 [M].北京：北京理工大学出版社.2019.

[14] 张晓雁，秦国华.管理会计 [M].厦门：厦门大学出版社.2019.

[15] 邱兆学.人本会计与财务研究论丛 人本财务管理 [M].上海：立信会计出版社.2016.

[16] 韩吉茂，王琦，渠万焱.现代财务分析与会计信息化研究 [M].长春：吉林人民出版社.2019.

[17] 陈国辉，迟旭升.基础会计 [M].大连：东北财经大学出版社.2015.

[18] 王培，高祥，郑楠.财务管理 [M].北京：北京理工大学出版社.2018.

[19] 李彩.财务管理本科会计基础实训课程教学改革研究 [J].中国管理信息化,2021,24(17):230-231.

[20] 姜丹.优化会计基础工作对企业财务管理水平的影响分析 [J].纳税,2021,15(15):117-118.

[21] 王海鸿.优化会计基础工作对企业财务管理水平的积极影响分析 [J].纳税,2020,14

(29):99-100.

[22] 周海鹰.IPO 公司财务问题与规范化策略研究 [J]. 会计师，2020(13):21-22.

[23] 李攀攀.关于卫生事业单位会计基础工作与财务管理的探讨 [J].纳税，2020，14(15):147-148.

[24] 见申艳.加强会计基础工作提升企业财务管理水平 [J].中国中小企业，2020(05):112-113.

[25] 莫娟，黄广林.会计基础规范在单位财务管理中的重要性刍议 [J].行政事业资产与财务，2020(04):75-76.

[26] 赵蕾.新时代下加强会计基础工作与财务管理水平的有效性探究 [J].财会学习，2020(01):126-127.

[27] 刘彬全.强化房地产企业会计基础工作提高财务管理水平 [J].财经界，2019(32):145-146.

[28] 陈渊博.加强房地产企业会计基础工作提高财务管理水平 [J].中国集体经济，2019(19):132-133.